航西日記

パリ万国博見聞録

現代語訳

渋沢栄一・杉浦　譲
大江志乃夫 訳

講談社学術文庫

目次

〔凡　例〕

一、本書は渋沢栄一・杉浦譲著『航西日記』（耐寒同社、一八七一年）の現代語訳である。文庫化にあたっては、大江志乃夫訳「航西日記」（『世界ノンフィクション全集14』筑摩書房、一九六一年　所収）を原本とした。

二、文庫化にあたり、新たに副題を加え、読みやすさを考慮して、適宜、小見出しを付した。

三、巻末に〈付録〉として、渋沢栄一談／小貫修一郎編著『渋沢栄一自叙伝』（渋沢翁頌徳会、一九三八年）の十二章一節から四節までを収録した。徳川昭武一行の帰国の事情と帰国後の動向を記した資料として、あわせてお読みいただきたい。

四、原本の旧字体、旧仮名遣いは、新字体、現代仮名遣いに改めた。

五、今日では不適切と思われる社会的差別に関する表現は、時代的背景と作品の価値、訳者が故人であること等に鑑みてそのままとした。

六、掲載写真については、『渋沢栄一渡仏一五〇年　渋沢栄一、パリ万国博覧会へ行く』（渋沢栄一記念財団渋沢史料館、二〇一七年）の多くを参考にした。

航西日記

パリ万国博見聞録

第一章　上海から香港へ

シーボルトの子が通訳を

慶応三年丁卯《ひのとう》の年正月十一日（新暦一八六七年二月十五日。以下同じ）、朝七時、武蔵国久良岐郡横浜港よりフランス郵船アルヘー号へ乗り組んだ。送別の友人など本船まで来た者も多く、ねんごろにしばらくの別れをつげた。この港に来住した諸州の人びとの帰省するものもあって、その人びともしだいに乗り組み九時に出港した。これ、一万里外に壮遊する門出であった。おりしも天晴れ風なぎ、海上はおだやかであり、伊豆七島もうすもやのなかに見て過ぎ、遠江《とおとうみ》、伊勢、志摩なども見えて夜にはいった。同十二日（二月十六日）、暁から北風で波が高く、船の動揺がやまない。午前九時、紀伊の大島を右に見る。午後一時ごろ、土佐の地方を望む。この船の船長であるフランス人クレイという者は篤実であって諸事懇切なので取り扱いが簡便ですむ。またゲルマン（ドイツ）の人シーボルト（アレクサンダー・フォン。長崎で鳴滝《なるたき》塾を開いて洋学を教えたフィリップ・フランツ・フォン・シーボルトの子、駐日イギリス公使館員）というのは、横浜にいたが、用がすんで本国に帰省するとのことで乗り組んでいたが、わが国の言葉に精通していたので、もっぱら通弁をしてくれ、便利であった。

郵船中での食事の取り扱いはきわめて丁重である。毎朝七時ごろ、乗り組みの旅客洗面をすませたころ、テーブルで茶をのませる。茶には必ず白砂糖をいれ、パン菓子を出す。また豚の塩漬けなどを出す。ブール（バター）という牛の乳をかためたものをパンにぬってたべさせる。味はたいへんよい。同十時ごろになると、朝食をたべさせる。食器はすべて陶器の皿に銀のさじ、銀のほこ（フォーク）、包丁（ナイフ）をそえ、菓子、ミカン、ブドウ、ナシ、ビワそのほか数種類を卓上にならべ、随意にとってたべさせ、またブドウ酒を水でわってのませ、魚鳥豚牛羊などの肉を煮たり焼いたりし、パンは一食に二、三片を適宜たべさせる。食後、カッフェー（コーヒー）という豆を煎じた湯を出す。砂糖と牛乳をまぜてのむ。たいへん、胸をさわやかにする。午後一時ごろ、また茶をのませ、菓子や塩肉や漬け物を出す。たいてい朝と同様であって、またフィヨンという獣肉や鶏肉の煮汁をのませる。パンはない。熱帯の地にはいると、氷を水にいれてのませる。夕方の五時か六時ごろ、夕食を出す。朝食にくらべるとすこぶる丁重である。スープからはじまって、魚や肉を煮たり焼いたりした各種の料理と、山海の果物やカステーラのたぐい、あるいは糖でつくった氷菓子のグラスオクリーム（アイスクリーム）をたべさせる。夜の八、九時ごろ、また茶をいれて出す。朝から夜まで、食事は二度、茶は三度がふつうであって、たべるにあたっては、きわめてくつろぐのを原則とするのであるが、たばこを吸うのは禁ぜられている。すべて、食事および茶にあたっては鐘をならして時間を知らせる。鐘は二度ならす。一度目は旅客を整頓し、二度目に食卓につかせるのがふつうである。たべない人や病気の人があれば、医者にみせ、病気に応じて薬をあたえる。こんなこまかいことを書くのは余分のことであるが、細事にいたるまで入念にして、人の生命を大事にすることは感心のいたりであった。だから、概略をここに記載した。

大洋のような揚子江から上海へ

同十三日（二月十七日）、雨。風は西にかわった。午前十一時、土井个崎《といがさき》（都井岬）を右手に見て、鹿児島湾を過ぎた。名にしおう開聞岳も、煙霧にかすんではっきり見えず、ときどき、その一部が見えるだけで、御国の影はだんだんかすんで見えなくなっていく。あたかも大船のともづなを切りはなって行くという言葉のように、心は雄々しいながらも、なんとなく、残る波が心惜しいような気がする。

同十五日（二月十九日）、曇。暁より揚子江《ようすこう》にはいる。この川の河口はひじょうに広く、河水が洋々としていて、緑黄色ににごり、風や波は大洋とかわらない。およそ四十里ほどさかのぼって、左右にわかれ、右は揚子江本流で、左を呉淞江《ウースン》といい、わが国の淀川の倍ほどもあり、布帆蒲蓆（いわゆるジャンクと呼ばれる帆掛舟）の中国式の船が遠近に出没していた。

徳川昭武　松戸市戸定歴史館蔵

隋唐佳話に〝呉《ご》都松江鱸魚《としょうこうすずき》の膾《なます》を献ず〟ということがある。いわゆる晋《しん》の張翰《ちょうかん》が秋風に故郷のじゅんさいの吸い物とすずきのなますをしのんだというのも、ここであろう。

流れがわかれたところの向こう岸は砲台の跡で、草木がはえ茂って、古い土塁が残っているだけである。清《しん》の道光《どうこう》二十二年壬寅《みずのえとら》の年（天保十三年、一八四二年）、アヘン戦争に大臣陳化成が戦死したのもこの近くだといわれる。いながらにして感慨の情にたえなかった。ますますさかのぼると、両岸は楊柳も春めいていて、ところどころに村落もみえて風情《ふぜい》がある。ようやく帆柱の影が林のようになって、人家がたてこんできて、なおもすすんで午前十一時ごろ、停泊した。しばらくして、中国人が魚の目をへさきに描いた朱塗りの舟をこいで来て、旅客に上陸をすすめる。その一隻をやとって上海《シャンハイ》港に上陸した。

午後三時、同所の英国の旅舎にはいり、英国人の案内で、公使（徳川昭武）のお供をして、川ぞいに散歩した。

河岸には外国人の官舎がつらなり、その官邸には各国の国旗を高くかかげ、それぞれ、便利のよい地をしめていた。あいだに税関があって、江海北闕《ほっけつ》という看板をかけ、門は川にむかっており、波止場《はとば》があって上屋《うわや》をもうけ、鉄道をしき、荷物の陸揚げに便利であった。税務は、近年、西洋人をやとってやらせるようになってから、みだりに徴税しそこなうこともなく、旧来の欠陥を正したので、歳入は倍加し、一年に五百万ドルにもなったという。物産が繁殖した点では東洋の天然の宝庫であって、西洋人がしきりに居住する理由でもあろう。河岸には、すべてガス灯をもうけ、電線をはり、樹木がうえてあり、道路は平坦で、ややヨーロッパ風の一端を見ることができる。

商人、かごかき、乞食が行きかう城内

それより一里ばかりで城内にいたった。城の周囲は瓦《かわら》をもってたたんだ塀で、城門とおぼしい所に鉾《ほこ》のたぐいの兵器をかざり、護兵という文字を衣服の背にしるした兵卒がたたずんでいた。その辺より、辻売りの商人が道路に食物や器具などを売っている。市街は往来の道幅がせまく、店は二階づくりだが軒が低く門がせまい。各種の看板をかかげ、あるいは往来の頭上を横断してかけたのもある。牛、豚、鶏、鵞鳥《がちょう》の肉を飲食店の店頭で煮ながら売っているので、いろいろの臭気がまじって鼻をつき、道は石をしき並べてはいるが、両側の捨水が汚れてたまり乾《かわ》くまもない。諸商人やかごかき、乞食などが口々に叫んで群衆の中を行きかうさまは、いやな感じであった。骨董屋や書店、画商に行ってみたが、ありきたりの品

ばかりでめずらしいものはない。筆墨《ひつぼく》店の曹素功および査二妙堂という店に行って筆墨など買ったが、手拭《てぬぐい》を湯にひたして出す。顔をぬぐえとのことで、茶にかわるもてなしであろう。ほかの店にも行ったが、たばこの火がなく、求めると太い線香に火をつけて出した。住民の富んだ者の多くはかごに乗って往来している。貧しいものの半分以上は、衣服が垢《あか》まみれで臭気が強い。

欧人が牛馬のように土着民を扱う

城隍廟《じょうこうびょう》にいたる。城中第一の参詣者がにぎわうところらしい。絵馬《えま》堂みたいな所がある。廟のまえの池にのぞんで、八橋をかけ、池の中心に小堂があり、礼拝して香花を供える有様は本邦に異ならない。境内には覗《のぞ》き見せ物や富くじ突きや易者・音曲師・曲芸などあり、その近くには料理割烹店《かっぽうてん》などがある。いずれも軒が低く、のれんをかかげ、客を迎えて椅子を貸し、飲食物を売っている。賓客はここに集まって飲食を共にしている。多分きょうは縁日なのだろう。城外の市街はひろびろとしていて、道路もひろく、毎朝魚市などが立ち、鯉《こい》やすずきやさよりや塩鯛《しおだい》のたぐい、広東菜《かんとんな》・五升芋《ごしょういも》その他の野菜などを並べ、いずれもはかり目にかけて売る。鯉やすずきには三尺ほどのもある。それから、川ぞいに下り、一里余、新大橋というのがある。橋げたを開閉して舟行のさまたげにならぬようにし、通行には橋銭をとる。その切符は前もって宿でも売っている。それより先には英国のホテルもある。その裏通りにつづいて、土民の市街が軒をならべていた。ここには青楼《せいろう》や劇場もあって、芸妓らしいものも見られ、月琴《げっきん》の音などもきこえ、なかなかおもむきがある。

この地では高官が市街の往来を兵卒従僕あまた引率して巡邏《じゅんら》する。その行装のととのわず、衣服の粗末なことは、まるで児戯にひとしい。この地にフランスの教師で学校をひらいて教育をおこなっている者がある。また欧人が東洋学を研究するためにもうけた書院もある

渡航時の渋沢栄一　「慶応三年民部公子渡仏一行写真」より。渋沢史料館所蔵

が、欧人で東洋学を修行する者はみな宗教関係者で、その国の宗教のよって来たるところを研究し、考証の資とし、かつ布教しようというのであって、修学の入費も教団の積立て金からでているとのことだ。欧人が土着民を使役するさまは牛馬を駆使するに異ならず、督励するのに棍棒《こんぼう》をつかっている。われわれが市中を遊歩すると土人が集まってきて往来をふさぐ。口々に雑言《ぞうごん》をはいてやかましいのを、英仏の取締りの兵が来て追い払うと、潮がひくように去り、しばらく休むと、また集まる。そのみっともない有様はいやなものだ。

東洋に名高い大国で、領土の広いこと、人民の多いこと、土地の肥沃《ひよく》なこと、産物のゆたかなことでは欧亜諸州も及ばないのであるが、ただ大木のようなもので、世界の開化におくれをとり、ひとり自国だけがすぐれた国であるとして、尊大自恣《じし》の風習があり、道光以来の敗戦（アヘン戦争以来の敗戦のこと）をまねき、さらに開国の方針も確立せずに、ただ武力で対抗できないことと、諸国の気持ちをはかりかねるのを恐れるだけで、なお旧式な政治を固執して、日に貧弱になっていくように思われる。惜しいことではないか。この夜、夕食にはすずきのなますなどもあり、生《なま》でたべた広東菜の味はとくによかった。はじめて波枕をまぬがれて陸地の眠りをおぼえた。

同十六日（二月二十日）、快晴微暖。まるで春のようだ。本日は祝日（日曜日）なので、西洋および中国人とも、幼い子供たちが着かざって遊び歩き、歌ったり踊ったりしている。また夜は空がすんで月清く、海面が鏡のようで、眺望がはなはだよい。月に乗じてなお散歩した。

香港には新聞社、学校、病院まで

同二十日(二月二十四日)、晴。きょうも風おだやかで、朝十時ごろ香港《ホンコン》についた。

この地は、広東《カントン》府の地先の海中にある一孤島で、港内を多くの小島がとりまき、風波をふせぎ、海底は深く、多くの船舶を停泊させることができる。平坦地が少なく、山腹をきり開いて道路をつけ、海岸には中国人の住家が多く、山手はことごとく欧人の住居である。

道光の戦(一八四〇—四二、アヘン戦争)後、講和(一八四二年の南京条約)のため、償金のほかに、割譲されて英領となった土地である。昔は荒れはてた一漁島であったそうだが、英国の領土になってからは、山をひらき海をうずめ、石段をきずき、石をたたんで溝を通じ、しだいに人家が密になり、貿易のさかんなゆたかな土地になったとのことだ。地図を見て考えると、潮州とよばれるあたりになるかと思われる。唐の詩人韓愈《かんゆ》(退之《たいし》)が書いた鰐の文にゆかりの地であるが、昔にかわって、しっかりした巨船にのり、万里の波濤《はとう》を枕として来れるようになった。その時代の移りかわりとともに世運が日々にひらけゆくのも、またたく間のことであることがわかる。

今、英国人が東洋の商業を支配し、利益をあげているのは、インドを領有しているからであるとはいえ、それを利用する道を得て、流通金融を発達させ、運輸を自由にし、利益をもつぱらにし、交通をほしいままに支配し、流通の開閉、物価の高低など、変動を自由にあやつり、東洋の経済を支配しているのは、理由があることである。また住民の保護のために陸海の兵備を厳にし、その国の栄名と利益をはかる規模が宏大であることは、見れば知られることである。鎮台は全権の大任をもつところで、威望がある。近来、この地に大審院をおいて、高位の裁判官をおき、東洋に分在する国民の訴訟を審理し裁判しているといわれる。

山手の人家は欧風で、暑熱の地なので、池水植樹の配置やすだれや幕やベンチの設備は、もっぱら夏むきに涼しいようにできている。英華書院その他の学校がある。造幣局、新聞社、学校、病院などが完備し、ほぼ欧州なみで、規模をいくらか小さくしたようなものだという。英華文学上の書籍が多くここで刊行されている。英人で華学を修行するものは、みな勉強刻苦し、けっしており一ぺんのものではない。その教法のよって来るものを研究するためにその学問の源を考察し、その政治風俗から歴代の沿革・政典・法制はもちろん、日用文章までくわしく研究し、書を翻訳し、研究成果を著述するなど、大事業をやってのけた人はすくなくない。文明の根源が定まっており、人心の精神もさかんで、学術に従事することに熱心なことから、国が強盛で人知が英明周密なゆえんを知ることができる。

この地の最高の山を太平山という。登ることおよそ一里余で、頂上に旗竿《はたざお》がある。国旗がかかげてあり、島々のかさなりあっている状態や、風にのった帆の往来、大洋の風景が、遠近ともに一望のもとにあり、眺望奇絶である。山を下り、花園を一見した。ここは住民の休暇遊息のためにもうけられたもので、泉石や草花をつらねて、おもむきのある意匠をこらし、遊覧にさいして、いささかなりとも客の気分をみたすことができる。

囚獄では仕事をさせ説法を

ここから、広東に行く汽船が日に一度出ている。また毎週刊行の香港新聞がある。漢文で、一年の定価が四ドルである。また、香港で通用する貨幣もある。

欧州への旅客は、ここから籐《とう》椅子や籐の寝台、うちわまたは熱帯をすぎるときに使う帽子を買って避暑の用意をする。その他の名産は、彫刻をした白檀《びゃくだん》の箱、象牙細工、蓪草《とうそう》紙という紙にかいた画、楠の箱、竹細工、絹ばりのシナ傘、摺扇《すりおうぎ》などである。シナ店には文墨品もあるが、上海にくらべれば高価である。郵船はこの地でのりかえである。すべて、欧州に行くには、横浜で両替えした銀貨を、ここで英貨ポンドに両替えし、航海途中の入費にあてるのが便利である。

同二十一日（二月二十五日）、早朝から小雨。この地は緯度が低いので、本邦の晩春の気候に似ている。この地に設置された造幣局を一見し、英国水師提督を訪問のために英艦にいたる。帰ってから、仏国の領事があいさつに来た。午後三時、英国の囚獄を見る。規模は広壮であって、囚人の取扱い方を見ると、罪の軽重にしたがって、いろいろの工場で仕事をさせ、また獄中に説法場をもうけて、ときどき罪人を集めて、説法を聞かせている。

この説法というのは、善悪応報の道を説いて、罪人に後悔ざんげの念をおこさせ、すべて悪をいましめて善におもむかせることを、もっぱら説くのである。その中には前非を悔い、良心をとりもどし、ついに真《ま》人間にかえるものもあるという。人口がへることを憂い、死刑をはばかることは、つまり天意にしたがい、生を愛し、民を重んずることであって、その懇篤切実なことは感心のいたりである。

同二十二日（二月二十六日）、煙雨がもうろうとしている。ホテルからの眺望はすでに新緑となった。横浜から乗ってきた船は、ここまでであった。午前十時ごろ、小艇で仏国の郵船アンペラトリス号に乗りかえる。アルヘー号の二倍もある大きな船で、たいへん清潔である。正午に出帆する。

第二章　インド洋を航して紅海へ

両岸に猿が群れるメコン川上流

同二十五日（三月一日）、晴。暑威いよいよ強く、土用のようである。赤道が近いからである。正午ごろ、瀾滄江《らんそうこう》（メコン川上流）の入り口の燈台下につく。夕方四時ごろカンボジア河口にはいって上流にさかのぼる。この間、両岸は緑樹が繁茂し、その根は水につかり、木々に尾の長い猿が群れ遊んでいるのが見える。川幅は本邦の隅田川くらいである。往々にして狭く曲がったところでは、船尾がまわりきれず、一度逆行して通りすぎる。岸に垂れている木々も手で折ることができるほどであるが、水深があるとみえて、舟行にはさしつかえがない。暮れの六時ごろサイゴンの港についた。この地は安南《アンナン》の南端の地方で川に面しており、フランス領である。緯度十度十七分で、気候暑熱、地味は肥えており、風俗はシナに似て古くさい。この地駐在のフランス総督の使者が来て、安着の祝いをのべた。夜は星が燦然《さんぜん》と輝き、銀河が低く見える。くさむらで虫の声が秋めいている。気候がまたたくまにかわって、いまさらのように、航行の速さが知られ、旅行者であるとの感が強い。

同二十六日（三月二日）、晴。朝七時、この地の官船が迎えにきて、わが公使のお伴をして上陸する。停泊の軍艦が祝砲をうって、騎兵半小隊が馬車の前後をまもり、鎮台の官邸にいたる。席上で音楽などがおわってから、本国の博覧会にまねて奇物珍品をあつめた会場を一見し、市街を遊覧し、午前十時ごろ帰船した。夜、鎮台の招待で、官員の集会でおこなわれた音楽会をきく。

これより先、フランスは交通をひらこうとして、宣教師を派遣し、この地の状態を調べさせたところ、原住民が怒って宣教師を殺害したことから戦争になり、フランス軍はおおいに土民軍を攻撃し、奥地まで攻め入った。そこで和を講じ、地をさいて謝罪した。以後、フランス領となったという。鎮府があって、高官が派遣されて総督の任にあたり、歩騎砲の三兵の将官および兵力一万を駐留させ、不慮の事件にそなえてさかんに開拓建設をはかっている。しかし、兵火ののちまだ十年もたっていないので、土地は荒れ、人口も少なく、まだ富みさかえるには至らない。そのうえに土民もしばしば反乱し、ややもするとすぐに集まって兵をあげ、攻撃をしかけてくる。だから仏軍は常にこれにそなえて、軍備を縮少するなどのことはない。各国の船舶もわずか四、五隻が停泊するだけで、商店も少ない。もっぱら土地をひらいて、すでに製鉄所、学校、病院、造船所などをもうけ、東洋における根拠地にしようとして、おおいに将来の遠大な計画をたてている。しかし、一年の税収はわずかに三百万フランにすぎず、年々の入費が多くて収支つぐなわないので、本国の議会の論もまちまちであるといわれる。

象使いが鞭を使い芸当を見せる

この港は、カンボジア口をさかのぼることおよそ半日、六十里であるが、水深は、深いところで四十五尺ほどあるので、航行にさしつかえないという。上陸場は平岸であって、船は中流にいかりをおろし、小艇で上陸する。土俗は貧しくおくれており、婦女子が男にかわって、垢だらけの顔をして髪をぼうぼうにしたままで、舟をあやつり、荷物を運んで生活をしている。熱帯なので砂塵が舞い、歩くのものものうく、これという名勝もない。鎮府は、江岸から八、九町へだたった林のなかにあり、劇場や花柳街もあって、シナと同じようすである。おいおい欧人の移住するものもあって、人口も増したという。案内の者をやとって椰子《やし》の林やバナナの木立ちの間を行き、ひろびろとした原に出た。象使いが二頭の象にまたがって来て、芸を見てくれと乞《こ》うので、見ることにした。二頭を鞭で使って、ひざまずかせたり、後足で立たせたり、曲乗りなどして、自由自在にあやつって見せる。やがて、木立ちのある所に行って、一まとめの木を鼻にまいてへし折らせ、われわれが乗ってみたいといえば、鞭でひざまずかせ、後足から背に上ってまたがるのも自在である。このあたりの両岸はすべて茨《いばら》のような樹木がしげって、ところどころで虫が鳴き、田では農夫が稲の収穫をやっているなど、時候が日本とちがっていることを感じさせられる。田は稲の年二期作で、安南米といわれるのがこれである。東洋諸国に輸出して、利益をあげている。金銀貨幣も流入して、持っているものも多い。

その地の産物を郵船に持ってきて売っている。びんろう樹の葉のうちわや竹の笠などである。馬車をやとって、商綸という古くからの市《いち》に行く。この港から、およそ二里ほどもあろう。昔は繁華な町だったらしく、巨大な建築物が今は荒れはてて残っている。市中に大きな社《やしろ》があって、聖母殿と漢字で書いた額《がく》がかかっている。多分、海神を祭ってあるのであろう。石碑や絵額などを多く掛けならべ、両三人の中国人がいて、縁起のようなものを売っている。筆談で、その由来などをたずねてみたが、通じなかったのか、返答がなかった。

東洋への野心を示す英領シンガポール

同二十七日（三月三日）、晴。正午ごろ出港、瀾滄江を下って、午後四時ごろ川口の燈明台山のふもとにいたり、ここで水先案内をおろす。しだいに大洋にでると、船脚《ふなあし》も速くなった。

同二十九日（三月五日）、晴、暑い。夕方五時、シンガポールについた。

二月朔日《ついたち》（三月六日）、晴。朝六時に上陸した。マラッカとスマトラを左右にして、東洋第一の海の関所である。アジア大陸から海中に長蛇のように突出し、北緯一度十七分にあって、暑さはひどくきびしいが、樹林繁茂の地が多く、涼しい陰をつくっているし、時おり、にわか雨もあって、暑気を洗い流してしまう。土地は赤ちゃけた砂地で、港の近くには耕地もなく、雑木野草《ぞうきやそう》が道ばたに生いしげり、美しい色の鳥がその間を羽をひるがえして舞っている。土着民の風俗は安南同様で、裸《はだか》ではだしの者が多い。市街も安南同様である。英領に属している。埠頭《ふとう》の設備から石炭おき場、電線、馬車の完備にいたるまで、すべてに力をそそぎ、その成果もあがっていて、英国の東洋にたいする野心にもしっかりした基礎があることがわかる。

湾の入り口は、ちょうど造った庭のように、小島がいくつか連なっており、緑樹がよくしげっており、庭師が苦心して築いたもののようである。汽船はこの所を通過して湾内にはいり、湾内の広いところで船を回転してへさきを沖にむけて停泊する。波止場に船をつけ、橋でつないで上陸する。海岸は石炭倉庫ばかりで住家はない。水辺に小亭がいくつかある。欧人が真夏に散歩して休息するために設けたのであろう。

馬車をやとって市街に行く。約一里余、雑木のしげった沼にそって道がある。市街は欧人土民が雑居して商業をいとなんでいるが、はなはだ高価である。ヨーロッパという名のホテルに一泊した。この地第一のホテルだという。市外、ほど近くの地に植物園があって、小山をかたどって築き、いろいろな草木を植えならべて、おもむきのある遠景近景をつくり、園中には泉池もあって、炎暑のもとで涼をさそい、遊客の気分をなぐさめてくれる。

その地の産物の籐のござ、竹杖、アンペラ、そのほか小鳥やポケット・モンキーなど持ってきて、旅客に商う。また欧州各種の貨幣を持ってきて、郵船停泊の間、波止場に風呂敷をしいてその上にならべて両替をしている。なかにはにせ物もある。また古貨幣のなかなかよいものもあった。はだかの子供が小舟にのって、船のちかくにむらがり、銭を投げてやると海中に飛びこんで拾ってくる。銅貨を投げると、海中では見えにくいからといい、銀貨でなければ飛びこまない。本邦の江の島に行ったときのようで、世態人情というものは変わりがないものだ。水中で銀貨を争うさまは亀の子のようで、また海上で競泳のまねをして先を争うさまは、矢のように素早い。

カレイが名物のコロンボ

ここからジャワのバタビアに行く旅客は、上陸して定期の郵船を待ちあわせるのである。

午後五時、出港。

同七日（三月十二日）、朝七時ごろ、セイロンのホアント・ド・ガール（コロンボ）に着いた。

ここはインドの属島で、洋中に孤立し、港は北緯六度一分にあって、土地は熱帯に近く、年中氷や霜を見ることなく、四季をつうじて木の葉の散ることもない。土質は赤土であって地味は肥えている。土民は貧しくやせているが、シナ人とは人種もちがって、性質はやや順良勤勉なようである。たぶん、長いあいだ欧人に使役されたからであろうといわれる。その風体は髪を結ばず、はだしで、腰のまわりをわずかに更紗《サラサ》の木綿でおおっているだけだ。色は黄黒で、目はくぼみ、歯は黒く、唇は赤い。下層民で、タバコを買えない者はびんろうの実をかんで喫煙のかわりにしているので、自然に歯が黒く染まって鉄漿《かね》をつけたように見える。

はじめはポルトガル領だったのをオランダが攻めとり、その後、結局は英国領となった。港口の城門の上に二匹の獅子が金冠をささげているオランダの紋章が今も残っている。港口に岩石があって、波がぶっつかり、上陸はなかなかむつかしい。土着民が小さな舟の一方に材木を浮きにして釣合いをとった作りの舟で上陸させ、波止場は木造の小屋で、そのまますぐに城門につづいている。門を砲兵が守備している。それから少しのぼった所に市街がある。海岸はすべて砲台をめぐらし、砲門をもうけ、火薬庫もある。旧式であるので、オランダ領のころに築いたものと思われる。海岸の西の方に燈台がある。鉄製で、高さ十八メートルという。海門庶務のハクーフルヌマン・エイシュンという役がつかさどっている。土地は熱帯なので、建物はすべて避暑の工夫をこらした作りである。産物は多い。とくに果物はよいものがあり、魚も新しく、食料はすこぶる美味である。椰子《やし》、バナナの実、オレンジ、たちばな、肉桂《にっけい》、砂糖きびなどがよい。カレイといって、胡椒《こしょう》を加えた鶏の煮汁に肉桂の葉をいれたものが名物である。

仏寺には巨大な釈迦涅槃像が

馬車をやとって三里ばかり山手に遊んだ。なだらかな丘が起伏して椰子《やし》が茂り、その間の水田では田植えをしてあるのが見える。また水芋《みずいも》や蓮《はす》なども水上に青々としている。五、六町も山を登ると、ひとつの仏寺についた。寺の名をボーカハウアという。山門をはいると、正面の本堂はいつも戸がしまっている。僧にたのんで開けてもらう。堂内に安置した釈迦涅《しゃかね》槃《はん》の像は七ヤード（六・四メートル）もあり磁製である。全体は黄色で、ひたいに白い毛がなく、合掌して側臥しており、胸から下は衣類でおおい、衣類は鱗《うろこ》状をなしている。堂の側壁や僧房、廟宇《びょうう》にはみな極楽《ごくらく》地獄の絵が画かれている。僧衣は袈裟《けさ》だけで、はだしで頭をそり、眉毛をそりおとして、香をたいて花をそなえて、合掌読経する音は禅宗に近い。山の後は仏骨をおさめた所だという。三層に築いて石垣をめぐらし、中に一樹を植えてある。この木は菩提樹《ぼだいじゅ》で、ほかに何もない。さらに山頂にたっすると、眺望佳絶、小亭がありシャンペン酒などを売っている。この山上からはるか雲のかなたにそびえる山が見える。霊鷲山であるという。帰ってきて昼食する。給仕人はみな裸体で、肌黒く、下半身に布をまとっただけである。よい気持ちではない。夜になってから、いくぶん涼しく、市中を散歩した。土民の家屋はシンガポールとだいたい同じで、貧しくて汚なく雑然としている。

島産の各種の宝石はみな指輪にはめこんで売っている。泡玉、サンゴ、真珠などもある。にせ物が多いので、みだりに信用できない。象牙象骨の細工物、椰子、黒檀《こくたん》、はりねずみの皮、籐細工《とうざいく》、各種の木の見本、べっ甲細工、貝殻、美しい羽の小鳥など、各種のものをホテルの門前に持ってきて、争い売っている。細工物は、みな欧人が使うように作られたものである。バイタラ経の古いのは、うるし塗りに金字で書かれ、ふつうのものは鉛鉄でバイタラ葉、つまり扇椰子の葉に書かれている。中央に穴をあけて紐《ひも》でとじてある。その字体は梵字《ぼんじ》ともちがっていて、独特のもので、横書きになっている。

この港は三方が海で、わずかに一方に築き出した洲《す》があるだけで、外洋の吹き返しをふせぐには十分でないので、停泊中はうねりがひどく、船ゆれがひどく、船中の器物がこわれることもある。カルカッタ、ボンベイ、マドラス、ポンジシェリーなどへの旅客は、みなこの港からの定期船を利用する。気候はやや暑い。

海上で竜巻に遭遇しアデンへ

同八日（三月十三日）、晴。朝八時出港。暑威は昨日よりいよいよ増し、めまいがするほどだ。午後一時、数頭の鮫《さめ》が洋中の波間におどるのを見た。本草《ほんぞう》（博物書）によると、鮫は南海に産し、海亀に似て、足がなく尾があると書かれているが、そのとおりだ。夕方の三時に、にわか雨があった。しばらくのあいだに海上に一団の黒雲が生じ、たちまちに空は暗くなり、突然に雲がさがって波につながり、海水をまき上げた。陸上のつむじ風が巻き上がるのに似て、ちょうど竜が昇天するような勢いである。俗に竜巻といって、みんな珍しい思いをした。

同十六日（三月二十一日）、曇。朝六時、アデン着。アラビアの南端にあって紅海の入り口である。北緯十二度四十六分で、土地は赤ちゃけた岩地で、山には草木がなく、平地には水気がなく地味はやせている。人民はアラビア人種で、インドにくらべると強壮であって、品格も一段と下がる。英国の官吏が在留して管轄している。港口に、二個の砲台がある。欧州各国の領事も在留している。この地は開拓の利も産物の益もないが、東上西下の航海の便を開き、万里運輸の自在を得ているので、英国が力を尽くし、財を費やし、不毛のやせ地にも国旗をかかげて管領してからというものは、東洋の商業を盛大にし、シナ、インドの領地を支配するにいたった。その規模の大きさを知ることができる。

上陸して海岸にあるホテルにはいると、馬車乗馬ともホテルの前に来て、乗ることをすすめる。馬車をやとって市中を見る。海岸の細い道は屈曲して山にそい、半里ほど行ってからようやく石畳の坂道を登る。城門が山の腰あたりにあり、左右に石の城壁をつらねて要所に大砲をそなえ、歩兵が守っている。切り通しの上十丈ばかりに橋をかけ、要害の往来に供している。道幅はわずかに馬車がすれちがえる程度である。やや下ると平坦な市街にいたる。人家石室などみな小さく古く、こわれて草のはえた家が過半であって、人煙ははなはだわびしいものだ。欧人の駐在官員の家はみな海岸の山手にある。市街を過ぎ、貯水場に行く。この地は水や泉にとぼしく、雨が少ないために、領内の飲用水を貯えておいて分配している。

奇岩怪石の間に深い谷を掘り、周囲を白堊《はくあ》（セメント）でぬり、青石をしいてある。そのそばに石畳の道をめぐらし、石橋をかけ、石の欄干《らんかん》をめぐらし、上には山がそびえ、下には水が深く、茶亭花園も点在して、なかなか風致にとんだ仮山水になっている。池底に管を通じて平地まで導き、汲取り場をもうけてある。豚皮でつくった容器に汲みいれ、ラクダまたはロバにおわせて数里も先に送り、各所に分配している。

やせた土地の民は勤倹で剛健

土地がやせ、飲水も自由でなく、生活が困難なので、どうしても勤勉でなければならない。地味の肥えているかやせているかのちがいは、民の苦楽のちがいであることがまざまざとわかる。肥沃《ひよく》な土地に生まれて遊惰《ゆうだ》安逸《あんいつ》にすごし、こんな土地もあるということを知らずにすむのは、幸というべきか、また不幸というべきか。やせた土地の民は勤倹で剛健、事があればすぐに武器をとって起つ。富国強兵の基礎である。肥沃の民は遊惰で柔弱《にゅうじゃく》で、戦場にたつことをきらう。亡国の原因をなすものである。土民は牧羊を業とし、運搬には主としてラクダがつかわれている。

この地の産物は駝鳥《だちょう》の羽や卵、豹《ひょう》の皮、木彫のサジ、びろうの葉のうちわ、石蚕《せきさん》などである。旅客があると持ってきて売りつける。ただし、銭を乞うたり、ひどく価をむさぼったりする。上陸するときは用心するほうがよい。

ここからスエズまでの海上を紅海という。北はアラビアで南はアフリカである。海上から両岸が見えかくれする。両地方とも山には草木がなく、赤ちゃけた色が海面にうつり、船が航行しても風を切るようでもなく、水は油のように静かで動かず、熱気が強く、しぜんに海面が赤く反射している。紅海の名のとおりである。とくに五、六月ごろは暑さがひどく、病人などがそのころに航海すると、必ず病状を悪くするという。わたしが航行したのは、わが国の暦で二月であり、またのちに六月と九月にも通ったが、そのうち六月の航海では、聞き及んだとおりの暑さであった。疲労困憊《こんぱい》、不眠が数夜に及んだ。牛羊も終夜あえいでやまず、欧人はこの海上を鬼門関と呼んで恐れているが、それは誇大ではない。夕方三時出港。

第三章　スエズをこえてパリに入る

地中海まで掘り進む遠大な工事

二月二十一日（三月二十六日）、晴。ようやく海峡にいり、昼ごろ、スエズに着く。土地は砂地で草木がなく、人家が樹木を植えるには、他所から土をはこんで来て植えてある。水はいたってわるい。土民は黒色で、頭に白布をまき、フランスのアルジェリア兵のような衣服を着ている。士官はみな赤のトルコ帽をかぶっている。ここは紅海の奥にある湾で、近来地中海との通路がひらけてからあらたにできた港なので、人家はまだまばらで、他の港のようにととのってはいない。しかし、西紅海の行き詰まりであって、欧人が東洋に行くのに喜望峰をまわらずにすむ交通の要地であるので、どうしても通らねばならないのだから、貨物運輸、旅客乗り継ぎの要港として、だんだん土民が繁栄していくきざしがある。

ここからアレキサンドリアまでの陸地が西紅海と地中海との間を中断し、アフリカ大陸が北のトルコに接している。港は遠浅で、船を一里半余も沖に停泊させている。砂漠の水が流れこむので、砂の色が水の色をかえて見える。水脈《みお》が屈曲して航路を形づくっている。土砂が船脚《ふなあし》をさまたげて不便なので、目下、蒸気機械で港をさらっている。

しばらくして、小汽船で上陸する。この間二里ばかり。波止場より左手の海岸に臨んだ英国のホテルに投じ、昼食し、汽車発車の時間をまつ。このホテルは英人の経営で本港第一である。庭上に草木を多く植え、待合い客の気分を慰めている。楼上から海を望むと、かなたに山々がつらなり、すこぶる景色がよい。ただし、暑い土地柄なので、涼しいように設備されている。汽車の駅まではさほど遠くない。近くの土民の家は、みな燕《つばめ》の巣のように土でつくってあり、荒れ傾いて、古風なおもかげを残している。この地に鉄道をしいたのは、英国通商会社のもくろみで、東洋貿易の簡便自在を得ようとして、当地の政府の許可をうけ、年限をきめ、費用を償還したのちは地元の所有に移すという約束であるとのことである。今はまったくエジプトの所有になったということである。

西紅海と地中海とは、アラビアとアフリカ州の地先が交接するところで、百五、六十里ほどの陸路がわずかに海路をとざしている。だから西洋の軍艦商船などが東洋に来舶するには、喜望峰を迂回《うかい》せねばならない。その経費は莫大で、運送がきわめて不便であるので、一八六五年ごろから、フランスの会社が、スエズから地中海までの掘割りをくわだて、大規模な土木工事をおこし、目下進行中とのことである。汽車の左方はるかにテントなど多く張りならべ、もっこをはこぶ人夫らの行き交うのが見える。この竣功は三、四年の予定で、成功の後は東西洋間を直行の海路をひらき、西洋人が東洋の声息を通じ、商貨を運輸する便宜は昔日に幾倍するやも知れないという。すべて西洋人が事業を興こすのは、ただに一身一個の為にするのではなく、多くは全国全州の大益をはかるものであり、その規模の遠大で目標の宏壮なことは感ずべきことである。

トルコが支配するカイロの大伽藍

夕方七時ごろ、調度、食料、パン、乾肉、果物、ブドウ酒などを用意して汽車に乗って出発。鉄道のかたわらのところどころにテントを張って荷物を積みかさね、人夫も居住している。駅から数十歩もはなれると砂漠である。草木を生ぜず、茫漠《ぼうばく》とした広野が風の吹きまわしで高低を生じている。途中の休憩所に数軒の人家があって、車中の客に食料を売っている。鉄道にそって一すじの往還があって、土民がラクダに荷物をおわせて通行している。およそ、砂漠を旅行するには、牛馬は飲料がなくては遠くまで行けない。ただラクダだけは渇きに耐えるので、人や荷をのせるのに使えるという。乱世の昔は盗賊が多かったので、人民数百人が集まり、ラクダ数百に荷物をのせて隊商を組んで隣国に売りに行ったという。この客舎で、車中での砂塵をよけるための眼鏡または薄い紗《しゃ》の布（ヴェール）を買って途中にそなえる。

夜十二時、カイロに着く。エジプトの首府で、アフリカ州ではあるが、管轄はすべてトルコである。王に次ぐ亜王がいて、国内の政治をつかさどる。風俗政治ともトルコに同じである。土地は東方が砂漠で、草木水源はなく、この地から南の方がやっと耕地となっている。

地中海に臨んだ地は広い平野で地味も肥えている。ナイル川というのがあり、洲内月山というところに源を発して地中海にそそいでいる。川の両岸には多くの支流があり、その沿岸はすべて泥土の良田である。歴史的に、毎年一回洪水がおこり、深さ三十尺、広さ二十里にも及び、田土を培養すること、ちょうど農夫が灌漑施肥《かんがいせひ》するのと同様で、洪水が及ばない土地は荒れた砂地になるので、洪水の大小によってその年の豊凶を判断するという。このような荒蕪砂礫《こうぶされき》の地でも、自然の養いがある。天は人を捨てないものだ。

この国は昔は極盛の地であって、風俗文物は欧州諸都に先だって開け、その名は遠くにまで聞こえた歴代相伝の古国であったが、宗法の混乱から盛衰隆退をくりかえし、建国後七百余年で日に衰弱におもむいて、ふたたび振るわず、その後数百年マホメットが回教を唱え興こして以来、とうとうそのために国を奪われ、都城の大庫に収めた図書七十万冊も回教徒に焼き捨てられたという。その文物が盛んだったことが想像できる。一八〇〇年代に仏国王ナポレオンが攻め取ったが、またトルコの支配下に入り、その後久しくローマに属して総督をおいたが、後にトルコにそむいて大いに土地を開き、近ごろはトルコの属領となって、亜王の支配権が及んでいる。ここには一巨寺があって、マルブル（大理石）で建立《こんりゅう》したおよそ十余丈の伽藍《がらん》である。上は柱、梁《はり》、たるきにいたるまで彫刻をちりばめ、天井は金箔をはり、五色にいろどり、きらびやかさは目もくらむようである。床も大理石をしいて石畳とし、入る者は沓《くつ》を脱がねばならない。回廊層閣がまわりを取りまいている。この礼拝堂の門戸を砲兵が警衛し、寺中から市街を臨むと、一目瞭然である。世界に有名なピラミードおよび巨首（スフィンクス）がある。市中第一の奇観という。

要港アレキサンドリアの繁栄

同二十二日（三月二十七日）、晴。暁一時、汽車で出発。朝十時、アレキサンドリアに着いた。この地は古い国で、とくに首府なので、古器物の考証の素材となるものも多く、博覧会場に収められている。みな太古のもので、多くは土中から掘り出した棺槨《かんかく》の類《たぐい》と見受けた。死者の飾りに用いた金具で襟に掛けるもの、または指環、曲玉《まがたま》、土製の人形、素焼きのかめやびんの類は虫形を彫り、印章類は鳥の形をした篆字《てんじ》ようのもので、石斧、石槌、古剣など、種々の奇品がある。この港は地中海の要港で、貿易も繁盛し、土地も豊かで、遊戯場や妓楼《ぎろう》などもあり、いずれも欧人が半分ぐらいである。婦人は黒衣で首から包み、その顔は目の間に束木を立てておおって外出するという土俗がある。貴族はつねに家居深窓にあって、人に面するのを恥としている。ただ、一夫一婦のほかに妾《めかけ》をもっている。多いのは数十人の妾をもつという。

西洋は東洋諸邦とちがって、帝王から庶民にいたるまで妻を一人もっているだけで、妾はない。これは閨門《けいもん》を正すことに始まって天下に道を及ぼすという道理からなのであろう。しかるに、この国には妾が多いのを誇りとする風習があって、現にトルコ帝には四百八十人余も妾があるという。とくに男に嫉妬心が強くて、もし自分の妾がひそかに他の男に顔を見せたりすると、すぐにこれを殺してしまうということである。この地は欧州にもよりの土地でありながら、こんな弊習を改めないのは、因習があまりに長くつづいて、開化の機会を失ったものといえよう。

同二十三日（三月二十八日）、仏国総領事館からただちに馬車で郵船にむかう。時に総領事は兵隊を出して警衛にあたり、小艇で本船まで送ってきた。本船はサイド号といい、インド洋の郵船よりもやや小さい。朝五時出港。

同二十七日（四月一日）、晴。暁二時にメッシナを出港。逆風で、船がはげしくゆれる。

英雄の島、サルジニアとコルシカ

同二十八日（四月二日）、晴。風強く、船の動揺もあいかわらず。朝九時、サルジニア、コルシカ二島の間を過ぎた。この二島は、むかしはイタリーに属していたが、ここ百年というものは仏領となっているという。サルジニアは、そのそばに群島が星を散らしたようにつらなり、それぞれひざまずいているようで、海峡はえんえんと曲折して、ちょうど庭園の池にうかぶ山水のようで、天然の妙がそなわっている。島中に一軒の小さな白壁の家がある。これはイタリー国の陸軍総督ガルバルジー退隠の居であるという。

このガルバルジーという人は、六十七年前にケシ粒のような地より起こって、宗法が誤っていることを論じ、廃仏の説を主張し、奮然として兵をあげ、威を泰西に輝かし、イタリー全土を完全に席巻するの勢いをしめし、その雄図《ゆうと》に四隣いっせいにふるえ上がるにいたった。功名はまだ失墜していないのに、しずかに隠退して、高潔な晩節を清く持して、ゆうゆうと余生を楽しんでいる。その英風は、なお仰ぎたっとぶべきものである。

コルシカは、諸山が峨々《がが》として雲表にそびえ、名におう仏国初代のナポレオンの出生の地である。当時勃興《ぼっこう》する竜虎飛嘯《ひしょう》の兵威をもって、向かう所、山をめぐらし、海をたおすの勢いで、盛名は天下になりひびき、功業は千載《せんざい》に輝いたことを追想し、自然の秀れた環境が人傑を生むのであるという考え方の正しさに感嘆した。風はいよいよ荒れ、巨船をもてあそび、英雄の余気がなお消えていないような感じがする。

ツーロンで潜水夫の作業を見学

同二十九日（四月三日）、晴。朝九時半ごろ、仏国マルセーユ港に着く。船が岸につくやいなや、砲台から祝砲をうち、ほどなく本港の総鎮台がバッテーラ（ボート）で出迎え、上陸して馬車に乗せ、騎兵一小隊が前後を護り、ガランド・オテル・ド・マルセーユというところに案内し、鎮台、海陸軍総督、市長らがそれぞれ礼服でかわるがわるに来訪し、安着の祝いをのべた。午後三時ごろ、フロリヘラルト（日本総領事）、ジュリイの先導で、鎮台および陸軍総督を訪問し、フランス帝の別邸を一覧し、市街を見た。

三月二日（四月六日）、晴。朝七時、馬車でここから十二里東の海岸のツーロンというところに行き、軍艦および諸機械を貯えてあるところを見た。この日は天気晴朗で、四周の麦畠もよくしげり、菜の花が開き、そのほか名も知らぬ草木の花が咲いて旅情をなぐさめてくれる。鎮台付属の官吏が出迎え、兵卒半大隊ばかりが警衛し奏楽のうちに汽船で軍艦に乗りうつる。大砲や蒸気機関などを見おわってから、発砲調練をして見せ、またわれわれにも大砲を試発させ、それからほかの三隻に移った。各船ごとに祝砲があった。正午に上陸した。鎮台に招かれ、昼食をおわってから、製鉄所、熔鉱炉、反射炉そのほか種々の機械を見た。そのほかにも、兵器庫や、人を海底にもぐらせて暗礁やそのほか水底にあるものをつぶさに見とどける術を見た。

この術は、ちみつなゴムを縫いぐるみにして、四肢六穴に水がとおらぬようにし、首には頭の形をした兜《かぶと》のようなものをかぶり、目のあたりには玻璃《はり》（ガラス）を張り、自由に見えるようにし、天窓からゴムの管を通じて水上に出し、空気を送って、幾時間でも呼吸ができるようにしてある。この日は、水底が浅かったが、およそ四、五十分ももぐったであろう。空気さえ送れば幾時間でももぐれるという。

歩兵、騎兵、砲兵の調練と勲章授与

同三日（四月七日）、晴。午前十一時、案内があって、三兵調練を観るのにお供をした。

マルセーユでの使節団一行　中央が徳川昭武、後列左端が渋沢、右端より５人目が杉浦、前列左端がアレクサンダー・フォン・シーボルト

三兵とは歩兵三連隊、騎兵八小隊、砲兵一座である。この調練は、先ごろカンボジアの戦いで戦功をたてたものに勲章を与えるための分列式であるということである。褒賞《ほうしょう》の式は、三兵を分列行進させ、旋回して四方に整列し、その中央の衆人注目の位置に、褒賞を受ける人が功の大小の順序にならび、全軍の総督および軍監はいずれも馬をおり、高声に賞詞を唱え、総督みずから勲章をその人の胸に掛け、互いに黙礼して式が終わる。

この式は、出陣のときに戦功があったことを軍監からくわしく調べ、はっきりした証拠のあることを大将に上申し、大将から帝王に奏聞し、その許しをえて、その者に達し、また功のあったことを国内諸人にも見聞させるために、公然と衆目のうちに勲章を与えるのである。だから戦功が度重《たびかさ》なれば、その都度

その都度、勲章がふえるので、国民は老幼男女にいたるまでこれを見て、有功の人であることを知って、あがめ貴ぶという。まことに士を賞し功をはげますに公明である。だから士卒にいたるまで、軍におもむき、身命を軽んじ、立功を重しとする。国のため死をいとわないのも、これを見て、その根拠あることを知った。

生徒五百人が寄宿する学校を視察

同四日（四月八日）、晴。学校視察のお伴をした。舎密学（化学）試験所で、種々の製薬法や新発明の顕微鏡を見る。それから修学所や会食所、生徒部屋などを見る。いずれも清潔で、規則にそってよく整頓されている。生徒約五百人が寄宿しているとのことである。

この生徒の寄宿中の費用は、修学衣食その他いっさいの雑費すべて、年に九百フランほどで足るという。そのわけは、富有の者が合力して、別に助成のための基金があるからという。

同六日（四月十日）、晴。午前十一時半、汽車にのり、夕方七時、リヨンに到着した。欧州館というホテルに投宿した。当地はフランスの大都会で、パリに次ぐものである。市街の区画や建築物もすこぶる宏壮華麗である。広大な製糸場、紡織場がある。およそ西洋婦女の服飾その他の絹・紗《しゃ》・綾《あや》・繻子《しゅす》・緞子《どんす》・綾羅・錦の類、みな当地の産である。職工つねに七、八千人、機械建物の設備もまた壮大であるという。

同七日（四月十一日）、晴。朝七時に出発、汽車で夕方四時に首都パリについた。

第四章　パリ宮廷の社交

水族館とナポレオンの墓

三月十四日（四月十八日）、晴。夕方四時ごろから海魚を集めて養う所を一覧した。

この畜場は、海魚などが游泳《ゆうえい》するのを横から見たり、縦から見たりするのに便利なように、玻璃《はり》（ガラス）器で作った大きな箱に潮水をたたえ、部類をわけ、海底の砂石海草および貝類を種々あつめ、海底の状態を模してつくり、魚種がその中を游泳しているのを自由に見ることができる。たいへんめずらしい。

同十六日（四月二十日）、晴。午後三時、皇帝ナポレオン一世の墳墓をたずねた。

この墓はセーヌ川の対岸で博覧会場のすぐ近くにあり、デザンバリードという所である。結構壮大、規模広大で、他邦から来る者はだれかれをとわずに縦観させていた。墳墓のかたわらに、数棟の家があり、その家には、戦争で重傷をおって廃人となったものが寄宿している。政府が、この土地をえらんで、国に尽くした廃疾の者らに安んじて治療させているように見受けられる。墳墓の前殿および四方の門に立っている門番などする者の多くは、戦争のときに手をやられた人々である。また機械を陳列操作するところを守衛しているのは、多く足を負傷した人である。

同二十一日（四月二十五日）、曇。夜九時から、元外務大臣ロアン・デ・ロイスの夜の茶会への招待にお伴した。各国の公使その他、親属の男女が会集し、種々の饗応があった。このロアン・デ・ロイスという人は、メキシコのマクシミリヤン（オーストリア皇帝フランツ・ヨーゼフ一世の弟、ナポレオン三世の力でメキシコ皇帝となった）の事件（アメリカのモンロー主義宣言によってメキシコからフランス軍が撤退したあと、共和派と戦って敗れ、一八六七年マクシミリヤンは銃殺された）で退職し、現在は議院の官にあり、また本草（製薬）会社の頭取を勤めている。当夜の茶会は、儀礼的集会に属するもので、親属や知人の男女とも、日を定めて夕食後に集会し、茶酒を接待し、相互に歓笑談話して一宵をすごすのである。この会では、その身分によっては表向きの掛合《かけあい》では争論にいたるような交際の事務なども談笑のうちに氷解することがあるという。また一局一部の長としての職務にあるものは、ときどきこの会を催し、その部下をあつめ、その才能をみずから試み、懇親を厚くし、おおいに公私の両面で役立つということである。フランスではハソワレーと呼ぶ。

ナポレオン三世夫妻に謁見する

同二十四日（四月二十八日）、雨。午後二時、皇帝との接見式があった。

午後一時、いずれも礼服着用、仏国駐在の日本総領事フロリヘラルトも、黒羅紗《ラシャ》に金飾《モール》の服で、礼帽をかぶり、帯剣で来た。同一時半、儀典掛り二人が儀典用の馬車を備え、いずれも紫羅紗に金飾の礼帽に帯剣で来た。カション（駐日公使館付書記官）も通訳のために来た。わが公使は衣冠、全権および傅役《もりやく》は狩衣《かりぎぬ》、歩兵頭《ほへいのかみ》ならびに第一等書記は布衣《ほい》、第一等翻訳方、砲兵指揮、第二等書記らは素袍《すおう》である。案内者に面会し、ホテルの庭から馬車に乗った。第一車は前乗り、四頭立てで御者二人騎士二人ずつが車の前後に立つ。全権、傅役、歩兵頭、儀典掛り三人。第二車は中乗り、六頭立て、御者四人、騎士二人ずつ、車の前後に立つ。公使ならびに儀典掛り一人、およびカション。第三車は後乗り。二頭立て、御者二人ずつ車の前後に立つ。第一等書記、歩兵指揮ならびに総領事フロリヘラルト、ジュリイ。第四車は二の後乗り、前同断、第一等翻訳方、第二等書記、ならびにシーボルト。三の後乗りには公使の侍者三人が乗った。

ナポレオン３世

　城中の正門に着くと、騎兵二人が両側に立ち、銃兵が門内の両側に並び、しんがりに軍楽隊が並び、当方が通行のときに奏楽をする。玄関にはいって乗り物をおりると、階段の上には武装した百人の近衛兵が厳然と立ち並んでいる。儀典長が礼服着用で階段下まで迎えに出て先導にあたった。一室ごとに扉がしまっていて、門官が二人ずつ侍立していて、前まで行くと扉をひらいて中にはいり、また閉ざす。第五の扉をはいると接見の席で、三段になった壇の上段左に皇帝、右に帝妃、左方に外務大臣その他の高官がならび、右方に高貴の女官がならんでいる。わが公使はその座前に進んで敬礼をし、名刺を披露し、会見のあいさつを述べた。訳官が公使のそばに進み、フランス語に訳して通ずる。皇帝から答辞があり、両国親睦の交際がはじまっていらい、今、お互いに会見できて満悦であると述べられた。付き添いのカションが公使の右側にいてこれをわが国語に通訳する。それから第一等書記がささげもつ公書をふくさから出して全権に渡し、全権はさらに公使にささげ、公使はこれを帝座にすすめた。時に、帝は座を立って公書を受け取り、一礼をかわしてから、外務大臣に渡した。終わってから、公使は帝妃に黙礼し、帝妃も答礼した。全権も公使のそばに進んで一礼ののち、一同退出し、次の間で全権から贈品目録を儀典長に渡した。それから玄関まで、礼式長が送って出た。

写真師が発明した軽気球

儀式が終わって帰館した。夜、祝賀の宴を催した。この日、公使の馬車行列を見ようというので、都下の老幼はもちろん、近郊からも来て群集し、道を埋めた。

同二十八日（五月二日）、晴。朝、午前十一時、風船を観る。

風船は軽気球という。近ごろのすぐれた発明だという。その仕組みは、ゴムで巨大な円形の袋をつくり、その中にガスを十分に満たし、そのガスの軽さで浮揚させるのである。そして、この巨嚢《きょのう》の周囲から長縄をたらし、その縄の下端に小室を下げその中に人を乗せる。ふつう風の状態に従って、これを上げる。別に舵があるわけではないからである。大きなものは二十人くらいまで乗れる。ガスの軽さがあるので、上がるのは意のままであるが、度をすごせば危ない。だからガスの量がきわめて大切であるという。下りるときは、嚢中のガスを器械で徐々に放出しながら、無事に地上に下りる。これは、ふつうに空中を飛揚する風船である。また、別に、一個所から上げて、その場所に下りる方法もある。これは、ただ、気球の下に太い長縄をつなぎ、これを上げ、随意のところで縄を固定し、また縄をひいて下げるのである。この方法によるものは、遊園地などに設けてある。曲馬やそのほか数々の手品などとともに見せ、希望者があれば、金をとって、ただちに乗せる。気球が上下するときは必ず音楽を奏し、案内の乗員は少し上がったところで紅白の旗を振って見物人に見せるのを常とする。これは、パリの写真師ナタールの発明だという。物好きの者が、金を払って遊乗している。本邦にも、前々から、仙台の林子平《はやししへい》という男が、この風船の図を描き、いろいろ工夫してみたが、このように発明が実現するにはいたらなかった。

皇帝主催の観劇と華麗な舞踏会

同二十九日（五月三日）、晴。夜八時より、皇帝主催観劇会にお供した。

この観劇は、欧州一般でおこなわれている祝典の儀式で、重要な儀式などが終わったときは、必ずその帝王の招待があって、各国帝王の使臣らを饗遇慰労する常例である。ゆえに礼服に威儀を正して行くことになっている。演劇の筋立て内容はわからないながらも、多くは古代の忠節義勇、国のために死をかえりみないという類の感慨をもよおす事蹟や、正当適宜のことわざなどで世間の口碑に伝えられおもしろおかしいことをまじえたもので、せりふの形式は、つなぎに語りがはいるが、大部分は歌謡である。歌曲の抑揚遅速は音楽と相和し、一幕くらいに舞踏がはいる。

この舞踏たるや妙齢の美しい踊子五、六十人が裾の短い美しいきらびやかな衣装を着て、化粧をこらし、笑みをふくんで、たおやかで柔軟で軽快のきわみであり、手舞足踏、婉転跳躍に一定の規則があって、百花が風に燎乱《りょうらん》するようである。喜怒哀楽の情をこめて一段落のしめくくりをつけ、数段で完結している。舞台の景象はガス灯を五色の玻璃《はり》（ガラス）に反射させて、光彩を自由に採り、また舞妓の姿を浮きたたせ、後光を投じ、あるいは雨色、月光、晴曇、明暗を表現している。たちまちに変化させることが自在にでき、真にせまっていて、見ていて驚いた。

四月朔日（五月四日）、晴。夜十時、大臣官邸での舞踏会を見るのにお伴をした。これは、舞踏会を開いて親属知人を招待する一種の儀礼的会合である。つまり夜の茶会をもっと盛大にしたものであって、施設もすこぶる華美である。その催しにあたっては、あらかじめ招待状を出し、当日になると、席上には花をかざり、灯燭を点じ、庭のかがり火の設備から、食料茶酒の準備にいたるまで華美をつくし、音楽を奏し、その席につどう賓客は男女ともにみな礼服を着飾り、互いにあいさつをかわし、その曲に応じて、男女それぞれ年ごろのものは相手を求め、手をたずさえ肩をならべて舞踏する。客の多少によって、何ヵ所といわずに踊っている。踊りにはそれぞれ法則があり、少年のころから習い覚えるのであるという。ふつう暁ごろに至って散会する。これは、よしみを通じ、歓をつくし、人間交際の情誼を厚くするだけでなく、年ごろの男女が互いに顔見知りになり、言葉をかわし、賢愚をさぐり、自分で配偶を選び求めるきっかけとなり、いわゆる春の季節が男女をとりもつという意味にあてはまり、また礼儀正しくてみだりがましくない風俗を自然に保つものであろう。

ことに今夜は博覧会の大典によって、国内事務局の主催するものであるので、皇帝后妃をはじめ、貴族高官はもちろん、都下の名士が集会し、各国帝王貴族その他在留の官員をことごとく招待し、万事華麗にして趣向をつくしたことは、目を驚かすものであった。それ以後、ところどころでこの種の催しがあり、それぞれ主催者の身分によって異同があるが、大体の趣きは似たようなものである。英国皇太子が公使館に到着した夜の舞踏会などには、仏帝后妃ともにみずから踊ったという。身分の低いものも分相応に、あるいは茶店などを会場に借りて催すものもある。これなどは、前述したように、しぜんに男女配偶を求める道にかなったものといえよう。仏国ではこの会をバルといい、ちょうど本邦の北嵯峨、大原、岐岨、藪原などの盆踊りに似ているが、実はおおいにちがう。

凱旋門に登りパリを一望する

同二日（五月五日）、晴。午前、当地の有名な凱旋門という巨閣に登った。

この閣は一七〇〇年代の末に、ナポレオン一世がオーストリア、イタリー諸国の戦争で殊勲をたてて凱旋したときの偉勲を後世に伝えるために、大土木を起こして建築したものであるという。閣の全体は、横長の方面体で、すべて密質の石で築いてある。高さ約四十メートル、正面の広さは約二十メートル、側面の幅はおよそその半分、閣の中心およそ十五メートルほどのところから円形に切り抜き、閣の下を前後左右とも自由に通行できる。築きたてた石面には、四方ともすべて神像や古代の英雄、ナポレオンの戦勝の図などを彫り、裏側には、この建築の縁起らしいものがしるしてある。閣の下は一面に漆喰《しっくい》を、直径七、八十メートルの円形に敷き並べ、入り口は鉄垣をめぐらして、太い鉄鎖をかけてある。

閣の下、左側の裏面に小さな扉があり、戸の中側は暗い小室で、その中ほどに石の階段があり、螺旋《らせん》状に閣上に登っている。日を限って、人々を登らせている。門番がいて、一フランを払わされる。石段の数は二百八十五段で、閣上にいたる。閣は重層に建築してあり、下の一層は歩行が自在であるだけである。全体が石面で構成された四角な庭のようなもので、眺望は四方とも随意である。その周囲の縁《ふち》も巨大な石を胸の下あたりまで積んであり、ここから見下ろすと、正面は王室の門前にまっすぐむかい合って道路が直線ではしることおよそ十八町ほど、道路は三面にわかれ、中側は広く、馬車や荷車などの通路で、両側はガス灯が立ち並び、また樹木が影をおとしている。ガス灯の下から、両側とも人家の軒下までは、漆喰のたたきになっていて、歩く人の往来になっている。馬車道と人行の道の境界のところどころに噴水泉を仕掛け、風で埃がたつ日には、ゴム管で水をまき、また、馬車道の端に小さな溝があって、ところどころから大きな溝に雨水を流しおとすようになっている。パリ都下の壮麗な市街は、みな、このようになっている。

背面のガランド・アルメー街路も直線で、およそ二十町ほど、その間、セーヌ川の鉄橋をこえ、初代ナポレオンの巨大な銅像が見える。また正面の宏壮な建物はノートルダムである。これはキリスト教の本山のようなもので、府下第一の巨刹《きょさつ》である。また左に高くそびえるのは、パンテオンである。これも巨刹のひとつで、六十五メートルもあるという高楼がある。右はるかに舟が行きかうのはセーヌ川である。岸にある二、三の巨屋は公議院、鋳銭局、外務局である。その右の長円形のものは博覧会場である。右手の郊外に高く見えるのはモンバレリヤンという、全府警衛の城である。そのそばの樹林がうっそうとしているのは、ブローニュの森である。そのほか、郊外にいたるまで、配置の景観は手にとるようである。

しかし、高所なので、目がくらんで、足に寒気を感ずる。見おわってから下りた。

同三日（五月六日）、晴。夜九時から、チュイルリー宮殿での舞踏会を見るのに、お伴をした。この挙は、席上に滝などこしらえ、庭園には灯火を張りめぐらすなど、国内事務局の主催した会と同様に盛会であった。

チュイルリー宮とコンコルド広場の壮観

チュイルリー宮殿は、皇帝の居城であって、前は市街に接し、左はセーヌ川に面し、周囲は石造の長屋造りで、入り口の門々には砲兵が警衛に立っている。城中は石で敷きつめ、往来の自由を許している。右のほうには鉄垣の仕切りがあって、中ほどに石門があり、門上に石で彫った獅子の飾りがある。門の正面はプラス・ド・ラ・コンコルドという広場のような地所で、漆喰《しっくい》のたたきになっており、数百のガス灯がある。また噴水があって、暗夜でも灯光がくまなく照らして、人の眉毛までもたしかめられるほどの明るさだ。その壮麗さは、手を拍《う》って嘆ずるほどである。門の左右に騎兵が立衛している。門にはいって舗石の広場に玄関のようなものがあって、内にはいると左右に階段があり、正面の屋根に国旗が立っている。ここは広さが間口十間、奥行六十間ばかりであろう。これが王宮である。みな二階または三階建てで、折れ回っており、同じ造りの諸官庁もある。門内往来の左にはまた広場がある。三方とも王宮同様の構えで、ミゼイ（博物館）といって古品物を陳列しておく官局である。

二階は油絵あるいは古代の珍品、各国からの分捕品などを置いてあり、初代ナポレオン在世当時の衣服、諸道具類を秘蔵し、フランスが興《おこ》ったさまの画図や持っている軍艦の模型などがある。油絵の場所は古代の名画など、世に珍しいものがあるので、画を好むものは、男女ともに許しをうけて模写することができる。王宮の裏手に、広い庭がある。樹木が茂って、噴水泉池もあり、周囲を鉄垣でめぐらし、入り口には砲卒が守衛し、その中は男女貴賤をとわずに遊歩往来が自由で、王宮からひとめで見える所である。平日に、皇帝が親しく兵を指揮する調練は、この場所でおこなうという。実に、王侯の庭園であるということができよう。

真に迫る戦場の情況

同四日（五月七日）、晴。朝パノラム（パノラマ）に行き、伊墺戦争のさいにフランスが援兵を出して勝利したときの図を見る。

シャンゼリゼー博物堂の側にあって、周囲は円形で、およそ十間四方もあろうか。入り口で傘や杖をあずかり、木戸銭は一人一フランである。中央から階段で螺旋状に上ると、堂の中央の一番高い所に出る。その所は山の頂きに模してあり、そのかたわらには大砲小銃の破裂したのや弾丸の破片などがあって、その実況を知ることができる。やや遠くを見ると、四方の山間屈曲の模様や遠近の道路縦横の位置、樹木の疎密から烟雲の出没までことごとく備わり、オーストリアの軍勢とフランスの兵卒が乱戦に及び、双方の軍威がまさにさかんな状態が描かれてあり、とくに人物が大きく描かれている個所では真に迫っている。とくにフランス皇帝が側近および騎兵や大砲をひきいてオーストリア軍に馳《は》せむかおうとするところに、彼方《かなた》から発した弾丸が帝の侍医の馬の胸にあたって馬が跳ね上がるさまを皇帝がふり返る情景や、その後に従う騎兵も弾丸にあたって落馬するものもあり、またこちらから発した大砲が彼方の火薬庫にあたって、人馬ともに裂け、車輪は空中に飛揚し、その火色は物凄いまでに見え、双方の死傷もおびただしい情況、あるいは騎兵歩兵砲兵が山間を馳駆し、または村落のはしから突出して渡りあい、小銃大砲を発し、歩兵が入り乱れて白兵戦を演じ、傷者を運び、疲れた兵が一息いれるさま、あるいは一ところの味方が苦戦しているのを見て、他方から馳せてこれを救う状態、あるいは大将とおぼしい勇ましくよそおった者が兵卒を指揮していたところを散兵に狙撃されて落馬するさまなど、いろいろな有様がことごとく描かれている。戦場の形状は目のあたりに見るようである。もっともフランスの方の勝利に見える。将官などは、その時の写真によって描いたものであるという。案内人がいろいろ説明するけれどもわかりにくい。全体の画図は油絵で、円形によって勾配をつくり、遠近距離感などをしめしている。その模写が精巧なので、見る人に実地にあるような感じを起こさせ、しきりに腕を扼《やく》し、手に唾《つば》するものもあるのは、こっけいである。そもそも油絵は、欧州では昔から珍貴なものとされ、名人の筆にいたっては一枚の額が数千金に価するという。ただ奇を好み、翫をもてあそぶのではなく、今この画がその妙をきわめ、当日の景況を今日に伝えているのを見ると、これも世用に欠くことのできないものだと見える。

植物園ではカンガルーも見学

同十二日（五月十五日）、晴。朝八時、皇帝よりの使者があり、レセップチュイス宮殿において会食のために招待があった。昼ごろ、シャルクランの館舎に引き移った。

このシャルクランは市外の幽雅な地で、ブローニュの森に続く土地である。ブローニュの森は都下最大の公園で、凱旋門から一条の大路が通じている。周囲二、三里もあるだろう、樹木がうっそうと茂って、道が幾筋もあり、中央の広い道は馬車を通じ、樹林中の左右の小《こ》径《みち》は遊歩または騎馬の行路となっている。清掃はいたって行き届き、池にはめずらしい鳥魚を飼い、小艇があって自由に漕ぎ遊ばせる。池を一まわりするのに、舟賃は二、三フランである。中島には佳木奇花を植えて茶店も奇麗にたてつらね、風流の士などは晩餐を命じたりする。この池には、滝や泉などがしつらえてあり、夏は夕涼みの場所になっている。このほかにも、ヴァンサンヌの森、モンソウ公園、ビット・ショウモンなど、ところどころに公園があって、それぞれ、その地形水利によって意匠を異にし、風景もさまざまで、目を楽しませ、心を喜ばせる。すべて士民の遊歩休息のための公園である。

この公園を過ぎると、ヌーエーという地に出る所に、ジャルダン・ド・アックリマタシヨンという植物園がある。各国の佳木奇草を集めて培養している。熱帯産のものは、園中に玻《は》璃《り》（ガラス）室を作って蒸気をとおして暖かにして培養している。ところどころに水泉があって、浮草の類も生じ、紅魚、白魚、たいまい（べっ甲を取る海亀）などを飼っている。また禽獣を飼いおく所もある。牛、馬、豚、羊、鹿、猿、兎、犬など、種々ある。カンゲロウ（カンガルー）といって、アラビア産（筆者の間違いであろう）の獣がある。その顔は鼠の大きなもののようで、四肢のうち前肢は用いずに、後脚で走る。きわめて速い。牝は腹の皮が二重になっていて、仔《こ》があればつねに外皮に入れて養う。ときどき、仔があれば、首を腹皮から出して餌を食う。はなはだめずらしい。そのほか、獺《うそ》、狐、狸、貉《むじな》の類がもっとも多い。禽は孔雀《くじゃく》、鶴、錦鶏《きんけい》、雉《きじ》、鳩、異種の鶏など、そのほかの小鳥も数種ある。その風土に従って、気候に順応し、性質を変えるなどの方法を研究するために設けたもので、経費は、研究団体のなかで別に調達の方法があるので、費用を惜しまず、このようにことこまかな試験ができるのであるという。

猛獣や河馬を飼いミイラも陳列

ここのほかに、ジャルダン・デ・プラントといって、セーヌ川の南岸に大きな禽獣園がある。たいがい前の植物園に同じだが、ただ、獅子、虎、豹《ひょう》、象、豺《やまいぬ》、狼、熊、羆《ひぐま》、猿などの類を飼っている。猛獣類はみな鉄の檻で飼っている。ヒポポタム（河馬）という南アメリカ（アフリカの間違いであろう）に産するたとえようもなく醜悪な海獣がある。その顔は牛の大きなのに似て、脚は太く短い。全体に毛がなく、蟇《ひきがえる》の肌にひとしく厚くて、はなはだ猛健である。口は四角で大きく、ちょうど祇園会《ぎおんえ》に用いる獅子頭《ししがしら》をほうふつとさせる。つねに水中に放ってあり、見物がパンを投げてやると水から出てきてこれを食う。また蛇、うわばみの類も多い。同じ土地の産である。暖を好むというので、箱にいれてブランケット（毛布）でつつんである。その大きなものは、胴まわり一尺もあろうか、ときどき箱の中で首をもたげ、舌を鳴らしていた。また、わにざめの類もあり、いずれも生きたままで飼ってある。また、巨鯨巨蛇の枯骨を骨組みのままに残してある。すべて修学の具に供するという。庭中の小高いところに一楼があり、楼上に死者の骨や酒精につけた小児の死骸、あるいは死者をそのままに乾《かわ》かしてミイラにしたものを多数陳列し、小さな札をつけてその由来を標記してある。人類によって骨格が異なり、または奇形に生まれ、または病気のために変形したものなどを考証するために備えたのであろう。これまた、修学のために団体をつくって、このように細大もらさずに研究に心をつくすことは感心の至りだ。

汚水が集まる地下水道を視察

同二十四日（五月二十七日）、晴。午後一時からパリ市街地下水道の視察のお伴をした。

この地下水道の建設は近年のことで、まだ町の端の方は造築中である。市街往来の下に一本の洞道をとおし、洞内は立って歩けるほどで、下方に一条の川を流し、両側は歩け、市中人家の濁水や汚水までもが、みなこの川に注ぐ。各所に注ぐ穴があって、滝のように落ちる。上には太い鉄管を通じて飲用水を水源から遠く引き、細い鉄管にはガスを釜元《かまもと》から引いて各家に分配する。ところどころに明りとりの穴はあるが、くわしくは灯火をつけなければ見えにくい。われわれは城の裏手にある市街から鉄ぶたをとって石段をおりて中にはいった。川幅をまたいでいる車があり、それに乗って屈曲しながら十五、六町も行くと川幅が広くなる。そこから舟にのっておよそ半里ほどで城の西側の市街に上がった。洞中陰々として臭気が鼻をうつ。ようやく日の目を見るにいたって気持ちがよくなった。この地下水道は人家の汚物を流すので、常にそのために掛りの人夫がいて、機械で掃除して、つまらないようにしている。

第五章　ロシア皇帝狙撃事件

ブローニュの森で競馬を見る

四月二十九日（六月一日）、晴。この日、ロシア皇帝のパリ到着を見ようとして、土地の人は近郊の者までが群集し、グランド・ホテルの前の往還まで続いた。夕方四時、ロシア皇帝出迎えの馬車そのほか騎兵歩兵ともに美麗をつくして、汽車の駅に出迎えた。フランス皇帝も壮麗な馬車で、右駅の途中まで出迎え、同四時半ごろ、同乗で帝宮にはいられた。しばらくして、ロシア帝はボールバールという街の、かねて準備されていたフランス帝の別宮に移られた。陪従の士官や警衛の騎兵らも相応に召具《めしぐ》して、ことに立派な行装であった。

同晦日《みそか》（六月二日）、晴。午後二時、ブローニュの森の競馬を見るのにお伴をした。この日、ロシア帝、フランス帝、プロイセン太子、ベルギー王、その他の貴族もともに一覧した。

この競馬はさる三月十八日に見たのとだいたい同じで、その催しは盛大である。西洋諸州の競馬は、博奕《ばくち》と似ていて、賭けごとをして勝負を争うのがふつうである。だからその場で富くじの札のようなものを売って、勝負によって得失を争うのを事とするものが多い。この日はフランス帝とロシア帝と十万フランずつの賭けをしたが、ロシア帝が勝ったので、その十万フランをロシア帝からただちにパリの貧院に寄付したということだ。

兵六万人が整列した観兵式

五月四日（六月六日）、晴。午後零時半から、パリ西南の郊外にあるブローニュの森ジプーロトーム・ロンシャンという所で、大調練（観兵式）があり、フランス帝はもちろん、ロシア帝、プロイセン王、ロシア皇太子、プロイセン王太子、その他の貴族が参集した。わが公使にもかねて招待があり、われわれもお伴に従うことができた。

この調練の兵数は歩兵およそ二十大隊、工兵、楽手隊、砲兵隊二十座、楽手が付属した騎兵二十四エスカドロン（中隊）、歩騎砲の三兵あわせておよそ六万人ほどであるという。いずれも壮麗な正装で整列し、諸兵が装備を整えた上で、フランス帝、ロシア帝その他の諸王子とも、騎馬で陣頭を一巡し、それより分列式があった。大調練で、転動しにくいので、ただ旋回して行進しただけであった。号令したのは、フランス第一等陸軍総督であった。右の行進が終わったあと、一隊ごとに指揮官が引率してそれぞれの陣営に帰る。その号令指揮の整斉、旋回機変の自在なことは、一人の人間が動いているかのようである。

それから、フランス帝とロシア帝が車に同乗して帰宮の途中で、ブローニュの森の松林の中から、ロシア帝を狙撃発砲したものがあったが、幸いにして、側の馬にあたっただけで、両帝とも無事だった。しかし大いに騒いで、その者をすぐに逮捕したという。その後の始末はラ・シエクル新聞紙の記事にくわしいので、ここに転載する。

ポーランド人がアレクサンドル帝に発砲

一八六七年第六月六日、パリで調兵の挙がおわってのち、ナポレオン帝（三世）とアレクサンドル帝（二世）、そのほか諸王太子一同が乗っていた帝室の馬車がブローニュの森の松林のあいだを通行していたおりから、一人の男がアレクサンドル帝に対し、短銃を一発放った。アレクサンドル帝のパリ在留のあいだ、付き添わせておいたわが皇帝の騎兵レインホフ氏はこれを見て、すぐさまに馬車の乗口のそばに進んだが、その男が見物の衆人の最前列に立っていたのを見受けたので、ただちに自分の馬をめぐらして、その男に乗りかけようとした。その男はすでに自分で自分の手につけた傷をものともせずに、その志を達しようとして、さらに手銃を二発放った。その一弾は騎兵の馬の鼻の穴にあたり、一弾はみずからの一指を落とした。ここにおいて、諸衆人はことごとく大声に叫びをあげた。さて、その馬の血が帝室の車の中に流れこみ、帝衣を

アレクサンドル2世　1881年、サンクトペテルベルクで暗殺された

汚した。そのために皇帝は傷をうけたように見えたが、天帝の加護によって、皇帝およびアレクサンドル帝、少年の諸王子もみな傷をうけたものはない。

ナポレオン帝の神色は少しも変わることなく、車中に立って衆人にむかい、だれも傷をうけたものはないという言葉を告げたので、人々は感服した。アレクサンドル帝も同じように自答して、われらはみな、わが敵を見かけたと述べられた。王子フラジュルの衣服が血に汚れたので、ナポレオン帝はこれにむかって、血に汚れているのは傷をうけられたのかと問われたところ、否、君にはいかがありやと答えられた。皇帝およびアレクサンドル帝、各王子の礼服もみな血に汚れた。

その時、その場にありあう人々はみな憤激し、その男をとらえて私刑を加えようとしたので、余儀なく士官の警衛を必要とするに至った。その男はただちに一台の馬車に入れ、二人の士官が同乗し、パリの番士一ペロトント（小隊）がこれを警護し、市中取締役所まで送ったのは、ちょうど五時半であった。

その男の発した弾丸が一婦人を傷つけたともいい、またその婦人の首飾りにあたっただけともいう。もっともその婦人は馬車に乗せて同じく役所に送った。男はポーランド人でベリゾウスキというもので、年齢二十歳、機械職人で金鉄類を製造する工場主のグァレ氏という者に雇われて働いていたものである。同車警固の一士官が途中でその男に、汝《なんじ》の弾丸はアレクサンドル帝を傷つけなかったと言ったところ、はなはだ残念なようすで、憤怒の色が顔面にあらわれた。またその生国を質《ただ》したところ、自若《じじゃく》として、ただちにポーランド人であることを白状し、またその郷里、年齢なども隠さずに陳述した。その者はウオリニーの産で、二年前、十八歳のときに国を去って当地に来て、機械の職工となり、グァレのもとにやとわれ、その後、ゲール氏のもとに移り、今年の第五月四日、ゲールの方から暇をとったが、かねてポーランド人のためにフランス政府より与える扶助金、一ヵ月三十五フランとそのほかのもので暮らしていた。同車の士官がその職をやめた理由を問うたけれども答えなかった。その後、アレクサンドル帝を狙撃しようという志を企てたのはいつごろからかを尋ねたところ、帝がパリに到着したことを承ったことから思い立ったよしをのべた。その最初は火曜日の夜、劇場に赴《おもむ》くというので、その企てを実行に移したいと思ったが、手に武器を持たないので、むなしくブールバール・ベレチエー路の南に立って衆人の前に出てアレクサンドル帝を見たところ、帝も自分がポーランド人であることに気づいたようすであったと、みずから言ったそうである。その往来で衆人が帝のために万歳を唱うるのを聞いたが、自分は一言も発せずに、それ以来、狙撃しようという志がますます固くなったという。

動機はロシアの虐政からの祖国解放

その翌日水曜日、ブールバール・セバストポルにある武器を売る店に行って、二挺からみのピストルを求めたところ、その商家が八フランずつの銃をたくさん見せてくれた。役にたつかどうかをたずねると、その中に試射ずみのものがあり、九フランで売ろうという、それが一番よいといわれたので、これを買い求めた。代価をはらって銃を持って自宅に帰り、装薬しようと試みたが、その弾丸が小さすぎるのに気づいたので、他の弾丸を鋳ようとしたが、また心づいて、その弾丸を大きくしただけにとどめておいた。

その翌朝の木曜日、彼はいそいで衣服を着て、朝七時に起き、装薬した短銃を嚢中《のうちゅう》におさめ、昼飯をとったが、はなはだ倹素であった。裸麦のパンと摺《す》り肉に銀紙をかけたソーシーソン（ソーセージ）およびブドウ酒半びんを傾け、飲みあましたものをズボンの中に蔵《かく》した小びんの中に移して携えた。そしておもむろに競馬場の方に赴いた。

調兵場にアレクサンドル帝が到着するときに狙撃しようと思ったが、その経路がわからなかったので、とうとう帝車に出あうことができなかった。調兵が終わったのち、帝車がカスカードの道を帰路にとると聞いたので、その分岐点となっている路頭に立ち、衆人の前に出てこれを待ち受けていた。ちょうど騎兵隊一レジメント（連隊）が引き揚げてきたのにぶつかって、帝車はそのために、道をえらぶのにいくらか手間どった。やがて、帝車が動き出そうとした瞬間に、帝室の鹵簿《ろぼ》に近づき、ナポレオン帝、アレクサンドル帝、両王子の車が通過するときにピストルを振るってこれに近づいたと白状した。

士官がまた、汝らをよく保護しているわが政府の賓客であるアレクサンドル帝を何のために狙撃しようと企てたのかを問うたところ、彼は涙を流して、フランス政府に対して申しわけないことをしたとのべた。士官は再び、アレクサンドル帝を撃とうとしただけでなく、ナポレオン帝をも撃つつもりであったのかと問うたところ、ポーランド人の発する弾丸はけっして他人にあたらず、アレクサンドル帝に直接にあたるはずだ、故国の人をアレクサンドル帝の虐政から解放しようとしただけで、けっして他意はなかったとのべ、久しく黙然としていたという。

十六歳でポーランド一揆に加わる

諸裁判方の重役、本日午後、問注所におもむいただけでなく、大蔵大臣ルエルをはじめ、帝命をうけて全員が集会した。アレクサンドル帝の司祭側役であるマントスワロフも出席したが、気位が高くて、直接に罪人を糾問《きゅうもん》することをきらった。ルエルが、その最後の糾問はマントスワロフ氏から始めるべきであると言って、これをうながしたので、同氏はロシア語、ポーランド語、フランス語などで種々の問いをし、その親族および以前の職業などを問いただしたところ、十六歳のときにポーランド一揆《いっき》（一八六三―六四年のポーランド独立の反乱。ロシア政府の弾圧がひどく、死刑と流刑で人口がへったといわれる）の企てに加わり、砲を肩にして戦ったが、二年前に国を去ってからというものは親族とも音信を絶っていたと述べた。また、父と書信の往復をしているかとの問いにたいし、けっしてそのようなことはなく、また他人から自分の陰謀が露顕《ろけん》する恐れがあるので、けっして人に相談したこともなかったということを、さらに恐れる気色もなく、何回もくりかえして述べた。傷をうけた左手を布でしばり、これを水にひたしたりなどしながら、丁寧に自分で介抱していた。彼はいかにも沈着で、すこぶる才知があるように見えた。陳述書にはいちいち調印し、またピストルをどこで買い求めたかに至るまで、くわしく書面にしたためた。短銃は、台尻の方が破損し、その中に弾丸がひとつはいっていた。夜中の二時、コンシェルセリー（パリの刑務所）に連行し、見張りをつけておいたという。

また、フランスという新聞の記事では、アレクサンドル帝に随従している諸官はことごとく憤怒して、すみやかに帰国すべしと帝にすすめたところ、帝は、これくらいのことで、予定した日程を切り上げるなどということはすべきでないと答えられた、とのことである。

これらの新聞は、本邦にもすぐに舶来して、諸人もずっと以前に見たであろうのに、今さらのように、そのままをくだくだしく書いたのは、余計なことのようであるが、その時の新聞が敏速でくわしいのと、またその寛優な国風をしらしめようとして、そのまま記したのである。また、東洋の新聞は、米国サンフランシスコ、インド、シンガポールの電線で、日ならずして達するようになっているので、本邦やシナ、インドの瑣末《さまつ》な珍事までもが、すべてこのように迅速に詳細に知らされる。見る人の気息が快通するさまを察することができよう。

この夜十時、ロシア公使館の舞踏会にお伴をした。

療養、看護が万全の病院

同六日（六月八日）、晴。午後四時、病院視察のお伴をした。この病院は、市中に接した小高い地にあって、周囲には鉄の垣をめぐらし、建物は数階建てである。入り口に門衛をおき、各室は病者の部類をわけて、上等下等の別がある。一室ごとに病者が数十人床を並べて寝ている。寝台にはみな番号があり、寝具はすべて白布を用い、もっぱら清潔を旨としている。看護はみな尼僧の仕事になっている。薬局や食料所なども十分なつくりである。滝のように水をそそぎ下して頭からかぶる設備（シャワー）や浴場もある。床下に蒸気管を通じて冬季には各室を暖める。また、暗い一室があり、六、七個の寝台に死体をのせ、木のふたをして、顔の上は布でおおい、そばに表示の札がある。これは、病者の病源が分明でなく医師たちが疑問を残しているものであって、その標札に死者の名、年齢、症状をくわしく記し、死屍が日を経て、かならずその病のあるところから腐敗するので、検査によって発見するためのたすけにしているという。院のうしろに洗濯場《せんたくば》がある。数人が洗濯に従事している。院内を散歩するための花園がある。病者で運動をしてよい者には、地内を散歩させている。この病院はパリの市中のある富豪の未亡人が功徳《くどく》のために、若干の金を出して創築したもので、その人の写真を大きくして入り口にかかげてある。

およそ病を治すのは、薬療と摂生栄養によるもので、療治はもとよりその学術の研究練磨によるのであるが、その看護保養の適宜な助けを得て、しだいに治癒にいたるものであるから、この病院の趣意として、療養はいうに及ばず、その看護保養、食物の可否加減も精密であって、さらに風乾雨湿をはかって、温度湿度を上下させ、発散させたりこもらせたり、適度に調節し、体も運動させるので、療養の釣合いがとれて、日ごとに目に見えて治っていくという。しかるにふつう人がその居宅で、医者を招き、親族がなめるようにいたわり愛護して、病人の意を迎え、好む所にまかせてわがままを許し、あるいは過食し、あるいは小食し、体温発汗の調節をちがえ、気分を暗くしたり、精力を浪費したりして、心神の安静を害し、かえって病を悪化させて、ついに不治に至らせ、医者の責任にするような例が少なくない。みな、まちがいもはなはだしいものだといえよう。だから、当地では、病者はかならず病院にいれて療養させ、医療の過ちで早死にするものもなく、自然の寿命をたもつことができるという。これこそ人命を重んずる道であるといえよう。

徹夜で議論し、夜明けに散歩

同九日（六月十一日）、晴。夜、プロイセン公使館で舞踏会があって、招待されたのにお伴した。この日、ヘルゴレース街の新館がやや修理できたというので、付属士官数人が引き移った。この夜は、仮亭に先だって移った人々の徒然《つれづれ》をなぐさめようというので、たずねつどい、夜もすがら議論したり雑談したりし、短か夜のふけゆくも知らず、いつか空も明けちかくなったので、いでやブローニュの森の朝景色を見ようということで、ともに打ちつれて出た。曙《あけぼの》のなんともいわれぬおもむきがあり、木々の葉もしとどに露にぬれ、往来の人影もたえて、ゆくゆく、互いに詩など口ずさみながら、川のほとりに至ったところ、水鳥なども群れていて、時ならぬ人の足音にも驚く気配がなく、のどかなさまは、人が危害をくわえる心をもたないのに馴《な》れているのであろう。道のかたわらに何ともいえぬ花などが咲きつづけていたが、手折る人さえもいないのは、興味深く、政治のゆかしさが察せられる。それから滝のある所にいって、人を待つために設けた椅子があったので、しばらく休息し、日の出るころに、それぞれ帰ってきた。

第六章　パリ万国博覧会を見る

セーヌ河畔の巨大な建物

五月十八日（六月二十日）、晴。午後二時から、ミュラ公女（ミュラ家はナポレオン一世の妹のナポリ王妃カロリーヌの家系）の誘いで、博覧会視察のお伴をする。

博覧会場はセーヌ河畔のひろびろとした土地で、周囲は一里余もあると思われる、元の調兵場である。その中心に楕円形の巨大な建物をたて、門には四方から通じ、彩旗をたてめぐらし、内部外部にわけ、順次に道路を通じて徘徊《はいかい》遊覧に便利なようにしてある。内部はすなわち屋内で、東西諸州からこの会に参加した国々にその配列する物品の多寡に応じて、区域の広狭を定め、各部分を配当してある。フランスは自国のことだから、もっとも規模を盛大にし、天然の霊妙、人工の精緻、産物の豊備、学芸の高尚なことは世界万国に比較しても恥ずかしいものでないだけでなく、その得意を示すことが目的なので、会場の半ばをしめている。イギリスはその六分の一をしめ、プロイセン、ベルギー、南北ゲルマン連合州、オーストリアはいずれも十六分の一をしめ、ロシア、アメリカ、イタリー、オランダ、スイスは三十二分の一にすぎず、メキシコ、スペイン、トルコはその半分で、ポルトガル、ギリシア、デンマーク、エジプト、パシャ（ペルシャ）、アフリカなどは、またその半分にすぎない。わが国の区域もこれらと同等で、これを清国、シャム両国と三分して配置したが、わが物産が多く出品されたので、ついにそのうちの半分以上を確保するに至った。

場中に配列してあるのは、およそ物質の精華、天然の宝、日用の雑品、学芸にかかわる諸道具など、自然が作りなしたもの、あるいは科学の粋をつくして精神をこめて造ったもの、古くは世界中にもまれな古器珍品を集めて残すところがなく、新しくは現世発明の新器を陳列して余すところもない。各国の品物のちがいを見ると、自然にその風俗や人の知恵も思いやられて、とくに東洋と西洋の風俗気性がかけはなれていることは、器具や服装についてもその一端が概見される。トルコ、エジプト、アラビアの地方も、その風俗がちがっていて、スエーデン、ノールウェーは地球の西北のすみに偏在して文物の開化がまだ十分でないこと、荒れた僻地《へきち》の発達がおくれた状態は、出品物からも推測される。

場中の物品の配列が盛大なのも、すでにのべたように、あまねく記し、ことごとくのせることができないので、省略するとして、おおまかな所見を書くにとどめよう。

屋上から会場を眺望

欧州各国ともに人工の精緻と学芸の新しさの先鞭《せんべん》を競っている。だからこの会に出した物

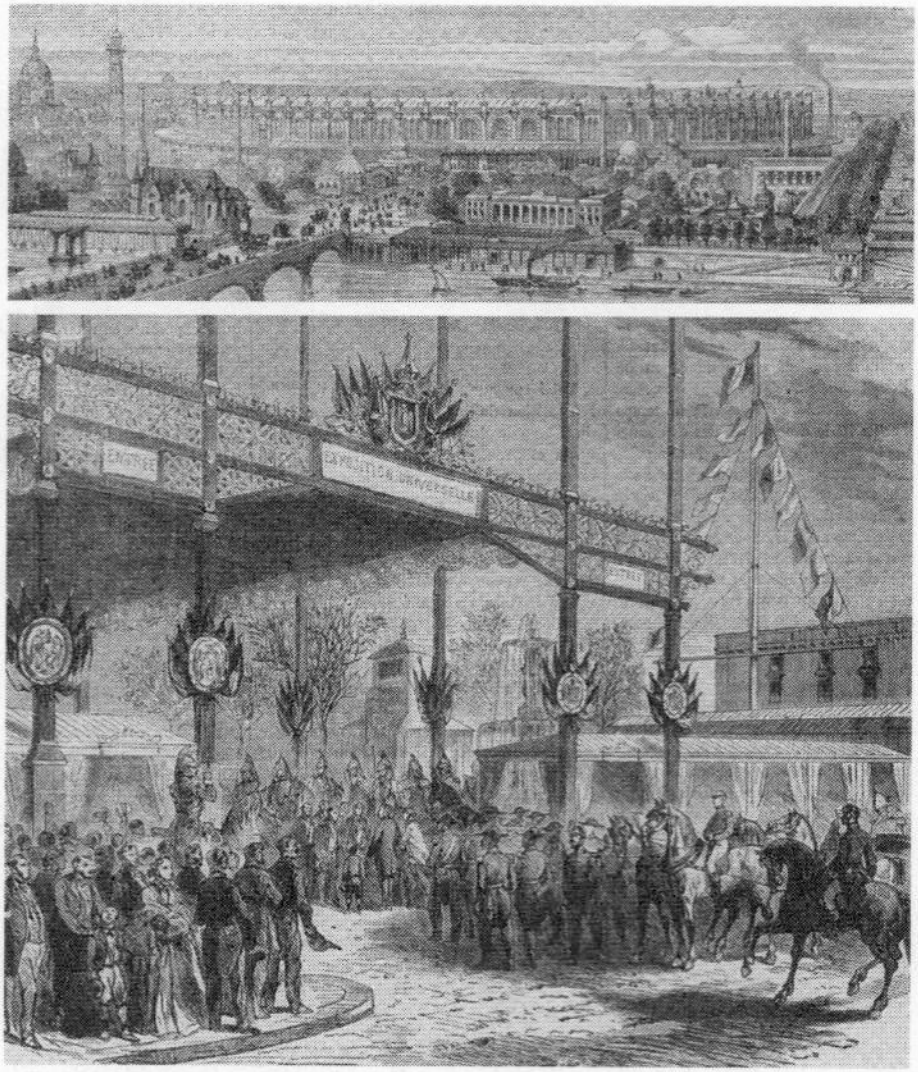

パリ万国博会場全景(上)と入り口 “L’EXPOSITION UNIVERSELLE DE 1867 ILLUSTRÉE” より

品はいずれも精巧をきわめ、豪華をきわめ、声価を世界にひろめようとしていた。だから蒸気機関のような機械のたくみさ、意匠の苦心のほどは見てわかるとはいうものの、我輩《わがはい》はその学に通じていないので、その原理を推理することができず、雲が視線をよこぎった程度にしか見ることができないのが残念である。ただ、見たところによれば、アメリカから出品した耕作機械や紡績機械は、とくに優秀であるといえよう。英国はこれに次ぐといわれる。この館内では観客を台にのせ、蒸気の力で押し上げて屋上に登らせていた。屋上には散歩の道があって、外部の台、小屋、堂塔、庭園などを一目に眺望させている。

金銀古貨幣はローマ、ギリシア、トルコがもっとも多く、また古雅であって、書斎の玩具

パリ万国博の開幕　ナポレオン３世とウージェニー皇后の到着。“THE ILLUSTRATED LONDON NEWS” 1867年４月13日より

にしたいようなのもある。また金銀で製作した物象人像あるいは器具類をおびただしく配列し、その用途ははたして何用なのかはわからないが、むかし、その国がさかんで、物力も豊富であったことが知られる。また、その国王が下民を専制し、自分の奢《おご》りの欲望を充たしたことも十分に想像される。各国が現に用いている金銀貨幣の見本を集めたところがある。わが国の大小判、一分銀、二朱金、一朱銀もならべ、欧州その他各国の円い貨幣のなかで、ひとり方形をしている。尺度量衡も各

パリ万国博会場の全景

国が現に用いているものをあつめて並べている。わが国の升《ます》なども、他の円形のなかで方形をしているのが特に目立った。貨幣は万国交通の資本であるが、各国がその制度を異にしているのは、四海一家のよしみからいって欠点であるので、人々にあまねく、こんなにもいろいろと異なっていることをしめし、これを世界共通のものにすることが便利であるという考えを起こさせ、ついに世界中がこの論を正しいとして同意し、そのように正すに至ることを期して、とくに博覧会の議事役も命令をうけており、また各国の意向の表明を待っているということである。

服飾やぜいたく品は、パリが前々から精巧の名をほしいままにしているので、とくに豪華をきわめた物品を同業者中より競って出陳し、金銀、珠、貝、宝石、めのう、さんごを使って製作したもので、世界にまれな珍品といってよいものが、数えきれない。服飾に至っては、日々にかわる新しい流行を追い、欧州の尖端をきり、華美の習俗を見ることができる。さんごの製作物はイタリーの名産で、もっとも多くの種類の出品があった。また同国から出品した天然の産物の中に、孔雀石の大きさひと抱え以上もあって、長さが三尺五寸ばかりのものがあった。これまた奇観であった。

精緻華麗なリヨンの織物

学術機械については、我輩はその術芸に通じていないので、その発明の可否を知ることができないが、医師道具および測量器のようなものがもっとも品数も多く、人身解剖の模型として作った紙細工など、精巧無比であった。またエレキテール（電気）仕掛けで図画を模出する器械があった。新発明であるという。電信機の新製品を多く出品したのは、スイスが一番であった。絹布織物が巧みであって、色あざやかなのは、リヨンがその名声にそむかず、花紋織り出しの精緻華麗なこと、色の染付けの見事さは、人の目をくらませ、他邦の織物はちょうど美人のそばの醜婦のようであった。また、造花のたくみなことは、ほとんど造化のたくみを奪ったかと思わせるほどで、ただ香りがないだけのちがいであった。

およそ、この会場は、欧州人でも一週間を費やさねば、ふつうには全部を見おおせない。まして、学術真理に関係する諸物品について、その原理にさかのぼって、その根拠までを考究するには、学識のすぐれたものでなければできない。我輩は言語が通ぜず、識見もすぐれていず、おまけに公務上の交際などがあって、観覧に数日間をかけるなどということができないので、まったく夢の中で仙人の国に遊んだようで、ただぼんやりとその光景の一班を記したただけである。展示場の外縁では、周囲に店を開き、諸州の名産を売っている。茶店酒店は、その国風の服装をした妙齢の美少女をえらんで、数人ずつが給仕にあたっており、客を迎えさせている。米国から出した酒店は、とくに美人がいるというので、遊客も多く集まり、オーストリアの酒店はその女の服装も独特のつくりで、何となく古風である。そのほか、東西各国がそれぞれ趣きを異にした風俗でその国産を売るなかに、フランス人で外国風に扮装《ふんそう》し、未開の風俗をまね、奇を好む客を引いて奇勝を博そうというのもある。観客の多くは、自国が出した店で休憩している。これは感情の上からも当然であり、飲食物も口にあうからである。

外部は自由に歩けるので、毎日、朝夕の運動や散歩の機会に、いとも細密に遊覧することができた。この部内もやや広大で、一日二日で見終わらない。遊園は地球上のあらゆる動植物をあつめ、博物学者の研究に供し、討論工夫の素材とし、動植物の栽培飼育の方法を発明させている。宮殿、あずまや、堂塔、家屋は万国それぞれの様式があり、派出《はで》なものや質素なものなど、自然にその国の性格風俗のちがいをしめし、とくに有益な知識をえただけでなく、万里の世界をこの小さい会場に集約して、五族相交わるのよしみを知らせるものであるといえよう。

女性三人が接待する日本の茶店

パリ万国博の日本茶店　“THE ILLUSTRATED LONDON NEWS” 1867年11月16日より

日本の茶店は全体が檜《ひのき》造りで、六畳敷きに土間をそえ、便所もあって、もっぱら清潔を旨とし、土間では茶を煎《せん》じ、古味淋酒などを貯え、もとめに応じてこれを供している。庭中の休憩所には腰掛けをおき、もっぱら人形を並べて観覧にそなえ、座敷には、かね、すみ、さと、という三人の妙齢の女性が閑雅にすわって、その姿や服装を見せている。その衣服頭飾りがめずらしいばかりでなく、東洋の婦人が西洋に渡ったのは初めてのことなので、西洋人はこれを仔細《しさい》に見ようとして、縁先きに立ちふさがり、眼鏡をつかって熟視している。座敷が畳敷きなので、この上にあがることを許していない。だから、近づいて見ることはできないが、たえまなく集まってきて、うしろの方のものでなかなか見ることができないものも少なくないということだ。ある良家の少女が母につれられて来て、その衣服を借着し、ついにはこれを買いたいと申し出たものもあったという。その物好きなことは、まことに驚くべきである。この茶店のようすは、後にかかげる新聞記事にくわしいので、ここでは略した。

博覧会場の木戸銭は一フランである。多くは切符を買っておいて見物する。一週間または二週間の通し切符もある。割引き価格だという。外国公使やこの会に参加する国々の貴族に随従する官員はみな無料である。開場以来、一日の入場料の額は約七万フランほどであるという。

十万戸分にあたる水を使用

場外には新しく鉄道をしき、汽車を市外に循環させ、近郊の村里からの往復の便をはかっている。川には数艘の汽船が往来して観客の送迎にそなえて絶え間がない。場中に配列してある物品はその価格幾千万であり、また金にかえがたい稀代の珍宝などを諸国から運輸回漕して山のように集めたので、防火の用心もきびしく、内部は火を禁じ、地下には水をめぐらし、非常のそなえとしている。この場中の蒸気機関や噴泉などのために引いている水の量は、約十万戸の都市の日常の使用量にあたるという。

この会は、物品の優劣や工芸の精疎を比較決定するだけでなく、学芸上の諸分野についても、世界の公論と最新の知識によって従来解決できなかった疑問を解明し、あるいはずばぬけた新説を提示するために、フランスの有名な学者や技術者はもちろん、各国から来集した専門家をあつめて、裁判者、鑑定人とし、形あるものから、形なき原理にいたるまで、すべてにわたり考究し、実物にあたり、その真髄をきわめた。そのための会合がしばしばあって、植物動物および黄銅の鑑定の会合には、わが邦人も列席したものがある。この討論批評によって、博覧会の褒賞《ほうしょう》の甲乙も決定したのである。

この会に参加した国々は、アルジェリア、ルクセンブルク、ベルギー、オランダ、プロイセン、ゲルマン諸邦、ババリア、オーストリア、スイス、スペイン、ポルトガル、ギリシア、ローマ、デンマーク、スエーデン、ノールウェー、イタリー、ポンジシェリー、トルコ、エジプト、清国、日本、シャム、アフリカ、チュニス、アメリカ、ブランシ、ジャワ、イギリス、英領各部、東西インド、仏領各部、安南、カナダなどである。

人体の筋骨のような水道管、ガス管の交差

同二十四日（六月二十六日）、晴。午後一時、フロリヘラルトの案内でパリ市中の飲用水の溜（浄水場）の見学のお伴をした。

この用水溜はパリ北郊一里ほどの所にあり、広大なる設備である。水源は遠くの大河をせきとめて引いて水溜にあつめ、機械の力で水勢をつけてそれぞれ太い鉄管にそそぎ、地中を通し、市中各戸の飲用その他各種の噴水や園池の用に供している。

各戸の飲用は、すべて細い銅管で、管の先端にひねりがついていて、これをまわすと水が自然にふき出す。別に汲んだりはこんだりする苦労がない。噴水石泉の類も同様である。つまり、水溜の裏で圧を加えた水勢が、鉄管を通じ、さらに細管に達するあいだに、空気がもれることがないので、水の余勢はなお衰えることなく、管の先端につたって栓をひらくに及んではじめて噴出する。水溜の位置は、すこぶる高い土地にあって、上面は平面で、石または漆喰《しっくい》などで地中に作ってある。その形は沼のようで、沼の中に漆喰で作った巨大な桶《おけ》があって、水がその中に入ると、すぐに渦をまきながら中心より落下してゆく。この桶の底の中央に穴があって、鉄管に達するのである。このようなものが多数あり、それぞれの鉄管が地下水道を縦横に走り、さらに細い鉄管または鉛管につながって各所の用水として引かれている。地下水道にはいってみて、水道管やガス管を見ると、細大長短縦横交差のありさまは、ちょうど人体の筋骨がつながりあっているかのようである。その構造が壮大で工作が精密であることは、まことに驚嘆の至りである。

第七章　博覧会の褒賞式

仏皇帝一族と各国王族が出席

五月二十九日（七月一日）、晴。午後一時より、ランジストリー宮殿で、博覧会の褒賞《ほうしょう》があるので皇帝からの招待により、わが公使も、皇帝ならびに各国帝王、王子、后妃らとともに列席した。カションらも陪従した。

一八六七年第七月一日、サレブリチエーのランジストリー宮で、博覧会褒賞の配分があった。宮中の大柱がある所に桟敷《さじき》を組みたて、二万人余の人を収容できるようにした。その中間に、博覧会に出品した品物を十種にわけておき、その主要なものに標札が立ててあった。

第一時四十五分に皇帝および陪従の諸官は、チュイルリー宮を出発し、親衛槍隊の鼓笛手、同コロネル、槍隊一中隊が一小隊ずつの縦隊で押し出した。王旗を持った槍隊のつぎはマチルダ皇女殿下の従官、およびロチルダ皇女殿下の従士。六頭立ての第一車には王妃に従う宮女二人、宮殿の奉行、王妃の側役。第二車には、宮の侍女二人、皇帝の第一等側役および側従。第三車には中宮の侍女一人。親衛隊指揮官、マルシャル太子の傅役《もりやく》、中宮付属のアジュダント・ゼネラル。同第四車は陸軍総督、側役の頭、狩人の頭、礼式長官。同第五車はロチルダ皇女、マチルダ皇女。その右側には、ナポレオン王子の馬役、左側には槍隊の大尉、前には六人の槍士が随従していた。第六車は八頭立てで、皇帝、后妃、太子およびナポレオン王子。その側に馬役の頭、帝室の第一等馬役、百人組の頭、砲兵の士官、帝家の馬役、右側には皇帝の司祭、中宮の第一等馬役、太子の司祭、砲兵士官、太子の馬役。帝室の百人組二隊、親衛騎兵一中隊が一小隊ずつの縦隊でこれに従った。右の同勢は時計の間からチュイルリーの庭前、コンコルドの広小路、シャンゼリゼー通りからランジストリー宮にはいった。国民軍および近衛兵と呼ぶ部隊が両側に並んで、警衛は厳重をきわめた。

博覧会副総裁の大蔵大臣はじめ、諸掛り役がこれを出迎え、招待された公子、公女そのほかは、すでにそれぞれ座についていた。帝が座につくとき、諸人はみな万歳を叫び、千二百人の楽隊は、帝徳をたたえた音楽を奏した。帝は二時半に席についた。右側には、オットマン帝シュルタンのアブデュルアズィズ殿下、英国太子、オランダ太子、ザクセンの太子、フランス太子、ロシア王女、イタリー第二王子、英国第二王子、マチルダ皇女、トテツキ王子。后妃の左は、プロイセン太子、ザクセン太子妃、イタリー太子、トルコ太子メヘメット・ムーラット・エフファンジー、ロチルダ皇女、イタリー第二王子妃チュクドリフタンベルリ、ナポレオン王子、ヘルマン・ド・ザクセン皇子、トルコ第二王子アブシュル・アミット。皇帝・后妃のうしろには、トルコシュルタンの子ユーソフ・イセチン・エフファンジー殿下、トクガワ殿下、ルシヤン・ミュラ殿下、ミヤン・ミュラ公女、ジョアキン・ミュラ王

褒賞を授与するナポレオン３世 “THE ILLUSTRATED LONDON NEWS” 1867年７月13日より

子および妃、ジエー・ミュラ公女、ナポレオン・ボナパルテ皇子、アシル・ミュラ王子。またそのうしろに、帝家の貴官、宮殿のアジュダント・ゼネラル、帝室の司祭、帝室の士官およびその夫人、シュルタン付きの士官、外国の公子公女付きの士官である。

出品者六万人の産物を陳列

帝室の博覧会副総裁ルーエ大蔵大臣閣下は、つぎのような式辞を読みあげた。

はじめに、今日の式典について、帝側に侍し給う太子が総裁し給う職掌事務は、陛下からの委任によって執行するものであることを説明し、そのために今まで努力を重ねてきたこと、ならびに会の模様および成功を上奏したい。会については、これまで種々の故障も少なくなく、まずシャン・デ・マールの地に約十五ヘクタールにおよぶ大建築をおこない、出品された産物を種々に区別し、多数の物産および国民に満足をあたえようと計画した。しかるに、その間、わずかに数ヵ月間しかなかった。今回の博覧会は、以前にくらべると、その規模の雄大なことは、数字をしめせば理解できるであろう。

一八五五年の会には出品者数は二万二千人、六二年には二万八千人、今回は六万人に及んだ。産物の量は二万八千トンを下らなかった。このような多数の品物をすみやかに陳列することができたのは、ほかでもない。この会のために、欧州大陸に鉄道を新設し、交通を便利にしたからである。機械を運転するために設備した蒸気機関は千馬力に達し、このような大業をわずかの日月のあいだにする計画は、幸いにも成功した。これらのことは衆人の賞賛をうけ、皇帝の褒賞《ほうしょう》にあずかるべきであろう。世人は、博覧会で万国の品物を比較し、学術がその進歩の助けとなっていることに驚くであろう。

わが国民および外国人の手細工物を見ると、その工人と機械とがともに物を生産していることが知られる。また自然の産物を見ると、各国の政府または個人の好みで集めたもので、その富を知ることができる。また、園内を歩くと、各国の風俗をいっぺんに見ることができる。中庭にはセーヌ川の水を引いて噴水を設け、ヒランクールの博覧会を見ると、この国にある耕作の器具を見ることができる。陛下は今ここに成功を誇ることができても、これに謙遜の言葉を使うことはできますまい。しかし、帝室の掛りの諸役そのほかの輔佐があったとしても、彼らだけの力ではけっしてここまでには至らなかったであろう。臣等の努力は、第二等に位づけられるにすぎない。

もっと大きな功績は他の人にある。今ここに感謝の言葉をのべたい。外国の委任を受けた人々はそれぞれみなその国のすぐれた人々で、それぞれその国のために力を尽くした。その国の出品された工作物がこの会で真価を発揮することができたのは、その人々の力によるものである。またこのような驚くほどの盛挙となるためには六万人の工人が関係し、功をともにした。しかし、右の人々がその力を競うなかで、そのもっともすぐれたものを選ばねばならない。その件についてこの会の掛りの者は多忙なので、ジュリー・アントルは、ナショナールに委任した。これは、各国の物産貿易などに明るい団体である。その人らは、みなそれぞれの国を思う心がないではないが、みな正論にもとづいて個人的な依怙《えこ》の心で仕事をするようなことはなく、公正な気持ちで各国の競争心をおさえ、面倒をおこすことなく、無事に授賞の決定に至ったことを、今日ここに、謹んで陛下に報告する。

また万国の博覧会成功について、各国の景況をここに略説する。今回の博覧会が現今の人に賞賛され、また後世にまでもたたえられるのは、世界万国の物産で備えないものはないからである。欧州各国だけでなく、アメリカ、アフリカ、極東の国々までその列にはいった。アメリカ合衆国は六二年の会には、内乱があって出品できなかった。六七年の会には、交際上、大切な国なので、そのために、十分、場所を吟味した。アメリカ大陸および南アメリカの国々も、それぞれその掛りの人々によって、めいめいの国威を輝かした。オットマン帝国トルコおよびアフリカの西北にある回教国は、出品しただけでなく、シャン・デ・マールの真ん中に、その建築様式と往古の姿を示す建物を再現し、大いにわれわれの目を開いてくれた。みなその君主みずからが努力して、この博覧会に協力してくれた結果である。極東の国はこれまで博覧会に関係したことがなかったが、今回はその国々に派遣した公使・商人・教師・学士らの力で、参加するにいたった。パシャ（ペルシャ）、シナおよび日本国ならびにその属領とも、みなわれわれの影響を受けるに至った。

このように多数国民の好意によって、この会場で功を競うに至ったのは、数年来、開化の進歩がいちじるしいことのあらわれと見てよいだろう。

ゆえに、今、この博覧会では、新たに発明をしたものの励みとなるように、力をあわせれば大業をも成しとげる道理をしめし、貿易が自由であるべきことを理解させ、各国人民の経済の道をしめし、量尺貨幣などが統一されれば各国ともに好都合であることを理解させ、さらに各国のあいだの憎悪心を消し、敬愛するの念を生じさせた。ここに来観するものは、この国の革命のさいに大乱があったことを忘れて、現在、太平の恩恵をたたえ、その風俗の美しいことに驚くであろう。各国の君主皇族がみなこの会に来て、その楽しみを共にしたので、これ以後は戦争のおそれもなく、世界が平和に帰するであろうきざしを示している。

すべて、このような次第で、陛下は史上に輝かしい一ページを加えたであろうし、また一八〇〇年代の盛典である。

あらゆる技芸、知巧をしめすために

右の式辞の朗読ののち、皇帝は左の言葉をのべた。

諸君、この挙は、十二年前から引きつづいてついに再び国を富まし、人生の和と人心の開化につくした人々のために、褒賞《ほうしょう》を与えるに及んだ。ギリシア時代の詩人は競技の挙（オリンピック）を極盛のこととして、詩にうたって後世に多く伝えたが、今回の挙は、全世界の人々がその知を競い、開化の極致とはいえないとしても、その段階となるに価しないとはいえまい。当時の詩人がこれを見たら、はたして何と言うであろうか。地球上の各地から、あらゆる種類の技芸、知巧、機具をしめすために、競ってこの国に参集し、各君主もまた、これに助力しようとして、ここに来臨した。ゆえに、今回の挙は、一見きわめて物質的なもののように見えても、実は高度の哲学的な原理に関するもので、人心の一致和平をたすけ、四海が一家のようにともに太平の幸福を享受するための一端となるものであるといえよう。万国の人民がここに集まることによって、相互に敬愛することを知り、憎み合うことを忘れ、自国の繁栄は他国の繁栄を助けるという根本原則を理解し、全地球上のあらゆる自然や人工の品をことごとくここで見ることができるので、この一八六七年の博覧会は、じつに、これをユニヴァーサルと言ってもよいであろう。

新発明の物の側に、きわめて古い時代の遺物もならべ、はなやかでぜいたくな品もあれば、実用一点ばりの機械もあり、人間のあらゆる知恵と技術が、おのずから明らかになっている。とくに、工業の利用に関して、今回ほど心をもちいたことはない。労働者の教養厚生や力をあわせてひとつの仕事をする面については、特別に重点をおいた。

これらの点から見れば、あらゆる面での開化がいっせいに進んでいることがわかる。学問技術が長足の進歩をとげているので、万物すべてが利用されるにいたり、人知は、無限に発達するであろう。人心は日に開け、都市と田舎の差はしだいに消え、人情はますます厚くなるであろう。諸君、欧州各国やその他の君主がみな私のためにこの国を来訪されたことについて、私が光栄に思っていることを、祝ってくれるように希望する。また、この国の盛大と文明を多くの人にしめすことができたのも、諸君のために誇りに思うのである。

このようにしてもなお、この国の盛大を見ず、この国の開化をいやしむものがあるならば、それは逆に自分の国を愛する気持ちがないものといえよう。この国は近ごろまでは国内もおだやかでなく、あるいは外国を侵しおびやかすこともあったが、今はすでに平和で豊かで、かえって他国の開化をうながし、文明をたかめようと努力している。そのために、国民が驚くべきほどに心を用いていることは、他国の国民も十分理解しているはずである。自分の国のために、その名誉をたもつことに努力するとも、それは自分だけが利益をえて他人の害となるわけのものでないことは、少しでも物の道理をわきまえているほどのものは、理解できるであろう。だから、この国にしばらくでも在留した外国人は、わが国民が他の国民にたいする友好心が強いことを了解することができるであろう。私は今、掛り役や審査員にたいし、その職責を尽くし、努力したことを感謝したい。さらに、まだ年少だという理由で除外されることなく、幸いにこの盛儀に関与することができたわが子のために、この機会を利用して感謝の意を表したい。一八六七年の博覧会が万民開化のための段階となることを、私はもっとも期待するのであるが、幸いに神のたすけを得て、帝位を永久に保持し、国民を安寧《あんねい》にし、人心慈愛の源をひらき、道理正義の勝利を告げることができるようにしたいものである。

皇帝がこの言葉をのべるあいだに、参列者はしばしば歓呼《かんこ》拍手するので、しばしば言葉が中断され、さらにそれを聞きとろうとして立ち上がるものもあった。

第八章　博覧会における日本の評判

大好評の蒔絵、漆器と珍品の烟管

六月十七日（七月十八日）、曇。午後一時、フロリヘラルトが来た。この日、博覧会についての記事をのせた新聞を手にいれた。

第七月十七日

博覧会中アジア・アフリカ諸国の部を回覧すると、つい誇らかな気持ちになってしまう。こんな遠くの諸国までもがこの会に参加したのは、すなわちわが国の名声によるものであろう。全アジア中で、もっともよく準備され、みごとな産物は、もちろん日本であった。その産物をあつめて、これをフランスに送ったのである。その品物は、小箱、鏡のついた銀や象牙細工の小家具、青銅器、磁器、玻璃《はり》（ガラス）器、日本ではとくに珍しくて貴人以外は手にいれることができない卵殻という磁器、銅または木材で鞘《さや》をつくり、よく鍛えた刀を収めるもの、天然水晶で細工した玉、日本婦人の美しさを想像させるような人形、その他すべてヨーロッパ州の好事家《こうずか》をうならせるようないろいろなもの、家具として

清と日本の展示　"L'EXPOSITION UNIVERSELLE DE 1867 ILLUSTRÉE"より

使う蒔絵《まきえ》、漆器。この漆器は木製のうつわに彫刻でもしたように漆《うるし》を盛りあげて描いたもので、ひじょうに高価なものである。漆は、漆の木という樹液で、三年ほどの樹皮に刀できざみをいれ、ゴムの木のように流れ出したものを採取して作るもので、顔料をまじえて各種の色を出し、これを銅板上で練って、金銀なども交じえて描くのである。

日本人がもっとも好むのは、長寿のもののようである。つまり、鶴、亀、松の木である。また架空の動物を意匠として描くことも好きである。たとえば、亀の尾に濃い毛をはやしてみたり、竜の頭に馬の胴に鹿の足がある怪獣などがこれである。その国で有名な富士と帆掛け舟と、魚が水中にはつらつとしたようすなども、もっとも好んで描くところである。

また、烟管《きせる》に珍しいものがあるのも、述べておかねばならない。その管はきわめて奇妙な形を彫刻した木または牙製のもので装飾してある。この物は、日本では、男子の持ち物のなかで欠くことのできないものになっている。絹の紐《ひも》でこれを衣服に帯びるのである。その管は蘆《あし》の管で、その雁首《がんくび》は小さく、青銅を使っている。わずかに火を保つに足るほどである。だからこれを吸うには指先でタバコを豆粒大に丸め、これを管の先につめるので、一吸いで終わってしまう。これで、日本の喫煙者は、しばしば一日に百管も吸うものがある。タバコは黄色で、トルコ産のものに似ている。これを細糸のように刻み、その香は人に快い感じを与える。上等品は薩摩および長崎に産する。

刀の刃を渡る独楽の芸に驚く

同二十一日（七月二十二日）、晴。この日、ヒガロ新聞を入手した。

第七月二十二日

日本の手品遣いのひと組がこんどテアトル・デュ・フランス・アンペリヤルに出演したが、現在アメリカで興業中のひと組が最も有名であるから、そのおかげで評判が高くなったものといえよう。しかし、（松井）源水《げんすい》たちの独楽《こま》の芸は、驚くべき力倆をもっている。また、魔法で蝶を使用する有名なアサキチも特筆されるべきである。また、亀吉、小滝、タラキチにも、すこぶる感心させられた。思うに、彼らが舞台に上がると、大君《たいくん》（将軍）が軍を指揮するのと同じであって、兵の訓練をする士官が多弁であるのはあまり好ましくない。われわれは議員ではないからである。また、準備がゆっくりしていて、見物に不快な感じを与える点をのぞけば、よい見ものであることにまちがいない。独楽をまわす座が低いところにあって、衆人はわずかにこれを見ることができたり、または見えなかったりする程度なのは、欠点である。

仏国人はがまんをすることができず、また外国人に特に敬意を表する習慣もないので、その技をほめるものもあるが、これをはずかしめて閉口させるなど、度が過ぎていた。男子婦人小児などの一座が一列にならんで坐り、前面にあるその国の人々に向かって敬礼をした。そのときのアサキチの口上は、衆人にむかっていうのか、神明に祈るのか、われわれには言葉がわからないし、またたとい言葉を学んだとしても、深くは理解することができないにちがいない。

手品のやり方はいかにもきれいであったが、そのなす所は、十分に衆人の目にはふれないようである。これは、もっと小さい座敷でするのに適している。アサキチが盃の中に水をいれてたおし、その下に敷いた白紙の中から画をかいた紙をとり出したのは巧みであったが、少数者にしか見えなかった。紙の紐二重箱の技は未熟であった。見物側にまきちらした紙に目を奪われているうちに、傘の中で虎の形にかえ、その動作をまねて見せたのは子供を怖《こわ》がらせるには十分であろう。

独楽の技は、予想外のものであった。空中に投げて、これを竹竿《たけざお》の先で受けとめ、上から下った縄や開いた扇の紙のふちや刀の刃の上を渡らせる。また、田舎村の景色をしつらえ、橋や道路や社寺などを独楽が歴訪するように動かして見せるなどひじょうに珍しくて、驚かされる。しかし、口上もなければ音楽もなく、しかも駿速《しゅんそく》にこれを行なって見せる。このとき、その村に招待されて、独楽が途中でとどまったのは、日本人のソルフェリー（イタリーがフランスと同盟を結び、オーストリアと戦争した地名。ソルフェリーノ）といってもよい。

軽業《かるわざ》のほうは、きわめて人を恐れさせる。一人は足でもって舞台に倒れかかり、その手に長い二本の竿《さお》をつけた三角形の物を持った。他の日本人は手または足でもって、その竿にらくらくと身をおき、または竿をすべって止まり木にとまった。その間、約二十分ほどは、なかば愛想をふりまき、なかば恐怖心を感じているような態度で見せた。もしフランス人がこんな芸をするのであれば、人はみな心配で見ておれないにちがいない。私の背後で見ていた子供が母親に、あの人がもし落ちたらと言ったところ、母親は、こわれるでしょうと答えていた。まるで日本人を磁器か漆器のように見ていたのであろう。

怠惰淫逸ではなく勤勉で精力的な日本人

同二十二日（七月二十三日）、曇。この日、カリナニ新聞を得た。

第七月二十三日

日本人の感情や習俗について、東洋では一論争おこった。先年はじめて日本の貿易を開いたころ、外国人で日本の風俗を論ずるものの説では日本人には平常、精神や行ないをつつしむということがなく、ただ淫楽にふけるを事とするだけであると主張した。その理由として、その国の茶店のようすをもって立証した。

先年、ルーセルホールト・アールコック卿（初代駐日英公使サー・ラザフォード・オールコック）が日本の内部を旅行したとき、茶店の制度がよろしくないのを見て、その害を恐れ、茶店のほかにはよい宿舎がなかったがこれに泊まるのをきらい、別に旅宿を設けることを願ったという。またシナ上海在留の、かつて寧波《ニンポー》の教主であり、現在は東インド電信社の役員である米人ドクトル・マクゴウアンは、前の説を主張して、アジア学会の席上で、日本人は怠惰淫逸であって不潔なので、その性情も日に堕落し、その人口も年々減少しつつあると述べた。しかるに、近来、この説がひろがり、ついに上海で刊行している漢字新聞にのったので、漢字を解する日本人が中国古文字でその反駁文《はんばくぶん》を書いた。

侠勇の気をそなえた日本人は、腰におびた長刀にかえて筆で議論することも好きなのであるが、筆を用いても殺伐の気味があることは、驚くべきことである。ドクトル・マクゴウアンに反対した主張は言う。日本の状態をくわしく知らずに、みだりにこのような説をとなえるようでは、もしその人が日本にいたら、日本の青年の勇壮なやからはみな兵器を手にとって、これを殺そうとするであろうと言っている。しかし、両方の論争者とも、くわしくそれぞれの論拠を示していないのは残念である。マクゴウアンの説は、国内の人口について欧州人が考えているのは誤りで、実は千六百万にすぎない。昔はすこぶる多かったが、今はやや減少しようとしている。その理由は風俗が淫縦《いんじゅう》だからであるということを述べたにすぎない。これに反して、日本人がみずから述べたところでは、千六百万はおろか、五千万に近く、その増加の見込みも測り知れないとのことである。ドクトル・マクゴウアンの説もまったく嘘《うそ》ではあるまいが、日本の男子は身体強壮であって、勤勉で精力的であり、その婦女は健康で血色も美しいということは、その地に行ったことのあるもののすべてが言っていることである。ドクトル・マクゴウアンの説はまったくこれに反している。近来、日本人は西洋の発明を取りいれることに力を尽くし、その知能が事実として示されているものを見ると、すでに一八五九年の開港以来、日本政府および大名らが買いもとめた欧州風の船は八十艘、蒸気船の数も多い。さらにその蒸気船は士官も水夫もみな日本人の手で十分に運転されている。ある諸侯だけでも、軍事上の貿易のために十七艘の蒸気船を買いいれた。政府では、いま現に買いいれただけではまだ足らないで、さらに欧米にモニトル（回転砲塔をもつ甲鉄艦）および装鉄船を多数注文した。今までに買いいれた船の価格は、メキシコドルで七百五十万、約百二十万ポンドステルリング（ポンドスターリング）にのぼる。これから考えてみても、日本は近く衰弱する人種ではない。むかし、航海をさかんに行なったころは、シナやマレーの海岸だけでなく、遠くインド洋や太平洋を越えて、米州の西岸までも達したことがあるが、その古い伝統にかえって、再びさかんになると思われる。また、日本人は長崎に、その蒸気船を修理するために、大金を投じて工作場を建造した。

足でたらいを回す芸を賞賛

同二十九日（七月三十日）、晴。本邦の足芸人、浜碇定吉《はまいかりさだきち》、米国から当都に来て、技芸を公演した。座元のヘンクスというものの招待によって、見物のお伴をした。

七月二日（八月一日）、晴。この日、ヒガロ新聞を入手した。

第七月三十一日

昨夜、ナポレオン演技場において、演技した新来の日本曲芸者の一行は、疑いもなく、政府の御用を勤めるものである。アメリカン演技場にいる曲芸者は、かつては寵《ちょう》をうけていたが、今はすでに退《の》けられたもので、今度新来の一行に対抗しようとするもののようである。

新来の一行は、先に来た一行よりも、さらに巧みで、また体が自由であることはとくにすぐれている。この曲芸師が日本政府の御用を勤める証拠には、現在、パリに在留する公使が見物の席上で、惜しむ色もなく、二千五百フランの金を賜わったことから明らかであるといえよう。

リュリポウという国の王が、その執政を選ぶにあたって、長い棒をたて、これに人をのぼらせて選んだという伝説があるが、その王が昨夜の演技場にいたら、すぐさまにこの技にたけた経世学者氏を執政の長に挙用したにちがいない。しかし、リュリポウ国で、この曲芸師を登用するのに、ただその技芸が巧みなのと、平衡をよくとることができるのと、物を恐れないという特性を価評するだけでは、まだ十分でない。その職を尽くすのに泰然《たいぜん》とした態度こそ最もほめるべきであろう。われわれすなわち欧州の曲芸師は、その技芸をおこなうときに、金銀などで飾りたてることが多い。しかるに、日本人は、ただ鉄道の警手のような衣服を着ているだけだが、有名なレオタルトが国政を議するときのように深遠で沈着重厚な姿をしていた。その技芸にはいるまえに脊髄を地に傾けることは、バルベフリウのボペスリ国を心酔させるに足るほどである。

この一座では、児童たちがもっともよい。とくにオーライトという子供がすぐれている。その顔も美しくかわいらしく、体を独楽のようにまわし、素足でたわんだ竹にからんで見せた。足でたらいを回したり、これはしご、独楽の旅行、オーライトの肩の上にとまる業など、最新のめずらしい芸であった。ひとつも失敗がなく、観衆はひどくほめたたえた。だから、公使が賜わったものも、観衆の賞賛の気持ちにくらべると、けっして十分とはいえない。今回の博覧会には諸国の帝王も来会し、平和の会議や楽師の合奏や作曲家の会合もあるからには、世界五州から曲芸師が会集することもあってよい。今回の曲技によっては、ただに娯楽ではなく、体術を交際の道に用い、平衡は国民経済に利用し、長刀を抜くのは独楽まわしのために、そして議員のように流れるばかりの弁舌が口上に使われているなど、開化の進歩をしめしているといえよう。

肩に立てた長竿に子供が登る

同四日（八月三日）、曇。この日、新聞を得た。

一八六七年第八月二日雑報

日本戯場

ほとんどひと月まえに二氏がわが家をたずねてきて、その名刺と一枚の紙を出した。その紙を開いてみると、藍色《あいいろ》の地に一男子が両足を天にむけた姿を描き、その一足の上に驚くべき長い竹をたて、その竿《さお》の先に、黄色の豹《ひょう》に似たものがある絵がかかれている。来客にこの絵の意味をたずねたところ、二人のうちの一人、ウェラン氏という人がフランス語でもって、英語だけしかできないマギール氏を紹介した。その人は、パリに来て日本の曲芸をする人の世話人であることを自分でのべ、その曲芸師は必ず成功する見込みなので、ひと晩千フランの値でナポレオン演技場の座を借りきった。その曲芸師の一行は八日のうちに到着するであろう。

諸新聞の記者が日本曲芸師が来ることを書き、また方々の壁に引札（ポスター）を張ったところが、別の日本の曲芸師がその名を盗んで、フランス帝国演技場に出演した。しかるに、マギール、ウェランの世話で、黄色い皮膚の人をのせた船は無事に航海して到着した。火曜日に、ナポレオン演技場もフランス帝国演技場と同じに灯火を点じ、観客に両者の優劣を争わせることになった。

月曜日の朝、このマギール、ウェラン両君から新しい名刺、および青色の紙に人形の絵をかいた引札を受け取った。この両君から、その日の夕方の招待をうけた。その家に行って入り口から廊下をすぎて明るい場所に出ると、自由に椅子をえらぶことができた。そこで、日本人の一行が舞台に出て手をつき、頭をたれて観客にむかって一礼をした。その人々はみな頭の頂上をそり、その髪を巧みにたたみあげ、頂上に墨でえがいたように横たえていた。髪の色は青黒く、顔色は黄色で、目元は安らかで明るく、聡明な感じをしめしていた。とび色の縫取りがある羽織で上半身をおおい、衣服は広い袖があるものを着ていた。一礼がおわって衆人が立ち上がったとき、座長とおぼしいものが短い口上をのべたが、一語もわからなかった。このとき二人の子供に宙返りをさせ、他の日本人が拍子木《ひょうしぎ》を打った。この人は曲芸をしない者である。楽士は、いつも芸をたのしませるための調子で奏していた。

この芸のうちで、三つのものにもっとも驚かされた。第一は、父の名を浜碇《はまいかり》サダキチといい、子供を三キチというものの親子の一組であった。このサダキチの肩の上に十五フィートおよそ一丈五尺の長さの竹竿をたて、三十秒間でその長竿が平衡をたもつと、三キチがすぐにその上に登った。その頂上についたときには竹竿は曲がって、観客の目には、ほとんど落ちるばかりに見えたが、その下にある父親が肩を上下して平均をたもち、竹竿はふたたび平均をとりもどした。子供は得意の声を発しながら、あるいは足だけでその身を保ち、または手だけで身を保った。また風車のように体を回転させた。

第二は、サダキチが仰向けにねて、その両足を天にむけ、その足の上に大きなはしごをたて、三キチはまたその上に登り、十分な高さになってから、三キチが扇をひらいてあいでいるときに、はしごの片方のねじをはずしてこれを取り去っても、三キチはなおその一方の端の頂上で、もとのように扇を使っていた。

第三は、その父は仰臥《ぎょうが》して、足の上に大きな桶《おけ》をおき、子供がその上に登った。その方法は人の考え及ばないようなしかたで、いかにも安心感がもてるので、傾きおちる心配もなく、なおその上に多くの小桶をかさねることもできる。さいごに、子供が、桶でつくったピラミッドの上にあるときに、父親が片足を引いてゆり動かしたので、いかにも傾いてくずれおちそうな感じであったが、子供は自若《じじゃく》として仏のような顔をして扇を使っていた。その動作はいかにも物しずかで優雅であって、余裕がある。他の人はすべて舞台にあって、子供が声を発するたびにこれに応じている。サダキチは扇をつかい、世話人は拍子木を打ち、見ている。とくに人目をおどろかし、この曲芸場にいながらにして、数千里の遠くに遊んでいるような感を抱かせる。金の飾りのある衣服を着て、玉座に坐っている大《たい》君《くん》も、ここに臨席したのであろうと想像する気にさせるに十分である。

隅田川松五郎といういささか長すぎる名前の持ち主も、日本中の驚くべき人物の一人である。この者は舞台の中ほどに天井から竹竿をつるして、その竿の端にたち、一人で竿の端をつかんで竿に登り、その身を水平にたもって急に手を放して竿をすべり落ちる。その速いことは驚くべきことであって、そのまま地に落ちたら、その頭を砕いてしまうほどであるのに、たくみに竿の下端で静止し、何回も上下して見せた。

独楽まわしの菊次郎一家

以上の曲芸師たちはみな観客をひやひやさせたが、それにつづいて、独楽まわしの松井菊次郎が、思わず笑いをさそうような芸をしめした。この者はなかなか上手で、小さな独楽に縄をまきつけ、その身を転ずるはずみに独楽を空中になげうち、また手に戻し、腕より肩につたわし、脇腹から足に及び、またふたたびもとの道を戻るなど、みな自分の体をよじらして独楽を伝わらせることができる。また、その独楽を竿の先でまわし、刀の刃渡りをさせるなど、最後には独楽は激して止まらず、日本人がみな楽屋にはいったあとでも、独楽だけはひとりで舞台上でまわっていた。

右のようにすべての芸を見ているうちに、拍子木の合図は何をするためなのかがわからないので、そのことをたずねようと思って舞台のうしろにまわり、ウェラン君にたずねたところ、知らないとのことで、マギール君を呼んで英語で問うたところ、サダキチに問うのがよいだろうとのことで、日本人が座敷に集まっているところに行った。いろいろな手真似で、自分が新聞記者であることを示したところ、サダキチがそばに寄ってきて、手を振って、フランスという言葉を口にした。また月のような丸顔の子供がおじぎをし、二人の婦人は笑みをふくんで立礼し、その他の人々も、みないろいろなしかたで一礼した。

ナポレオン演技場にある曲芸師は、おもだった者たちであるという。そのものは、格別に身を傾けて礼をすることがない。それに次ぐものはおおく身を傾け、その下にいたっては、まったく伏してしまった。封建の制度がある日本の習俗では、演技場の者であっても、身分の上下を守っているとみえた。

中入りのとき、日本人が食事をする時間なので、幸いにもこれを見た。飯台の上に小さな菓子や乾饅頭を盛った大皿があり、日本の女子男子がまじってこれを食べるが、けっして急がず、時々水を飲み、また乾饅頭を食べるさまは、芸でもしているようであり、優雅で、余裕がある。その眼光は黒く、安らかで明るく利巧そうであるが、われわれより美しいとは言いがたい。その体は短小で、手と同じように動く足の形はすこぶるよくない。唇がまくれて、顔が平たいのは、人種に固有な、ずるくて冷酷な相をしめしている。日本人は菓子を食べていて、われわれを振りかえろうとしないので、われわれはかえってその近くに安座して、くわしく観察する機会をえた。短小の体や広濶《こうかつ》の衣装、褐色の頭など、真にわれわれがパリにいながらにして数千里の外に身をおくような思いにとらわれた。冬はシベリアのように寒く、夏はセネガルのように暑いという珍しい国のことについて、しばらくのあいだ、夢想にふけった。

このとき、マギール君にうながされて言うには、世話人が叩《たた》く拍子木は、人に注意させるための用をするもので、観衆のために叩くものであるとのこと、その響きは、二度目は最初よりもさらにすぐれているので、とくに注目せよとの意味をしめすものだと言っている。おりから、ちょうどその響きが聞こえてきたので、隅田川松五郎と松井菊次郎に、ご機嫌よろしくとのあいさつをのべて、もとの桟敷《さじき》に戻った。

（トンネール・ビヨン）

煮魚と米飯をまぜ酒を供する茶店

日本の家屋

現今、日本の家屋は博覧会中の珍物の随一である。この家はパルク（公園）のなかのシナの地所のとなりにある。はじめ、日本からは組みたてずに持参し、この地で建てたのである。すべて、日本の家屋はこんなものだというのではないが、小商人《こあきんど》の住家および茶店の雛形をしめしたものである。その茶店というのは、往来に面して、通る客のために魚の煮たのに米飯をまぜたもの、および日本でもっとも珍重する米から作った酒などを飲食させるものである。種々に彩色した紙の提灯《ちょうちん》を軒にめぐらし、小池などのそばにもつらねてある。その周囲には、松のうす板を竹に取りつけて、すこぶる高い塀がきずかれている。塀はとくに堅牢《けんろう》であるというわけではないので、盗賊を防ぐ役にはたたないが、ただ人がのぞくのを防ぐだけであろう。入り口の門をはいってもっとも人目を驚かすのは、四本柱につるされた釣鐘《つりがね》である。さらに縄でもって、一本の長さ一メートル、半径十五ないし二十センチメートルもあろうという材木が水平にぶらさげてある。これを鐘につきあてて響きを出させるのである。日本の家屋はすべて木で造ってあるので、火災がしばしば起こるところから、このような釣鐘はどんな場所にも設けられていて、火災が起こったときは、これで知らせるという。家屋も塀と同じように全部木でこしらえてある。松のうす板を竹で取りつけ、上は藁《わら》でふいてあった。家はふたつに区画され、中に廊下を設け、入り口の方は飯台を設けて茶酒を客に供している。奥の方には三人の少女、おすみ、おかね、おさとというものがいる。あるいは独楽のようなものをもてあそび、または国の風習にしたがって、小管をもってタバコをふかして時をすごしているようである。その管は、タバコがひとつまみしかはいらず、わずかひと吸いで尽きてしまうので、何回か、つめなおして吸うのである。この家でもっとも見ものになっているのは、庭の一隅にひさしを差し出し、その国の風俗をしめすさまざまの人形を並べたことである。これは、日本の貧しくいやしい者から、身分高く富んだ者まで、各種の風俗をしめすものである。その人形を見て、さらに家のうしろに並べた日用雑品の売り物を見ると、一時間ほどで何の苦労もなく、遠く日本に旅行しているようであるといってもよい。

第九章　スイスおよびオランダを見る

先帝誕生記念日を祝うパリを出発

七月十五日（八月十四日）、晴。昼ごろ、各国公使館訪問の使者を出した。この夜はフランス皇帝初代ナポレオンの誕生記念日の前夜なので、市街は灯光も明るく、群衆が出ている。

翌日は、先帝誕生記念日にあたるので、フランスじゅうの大祭日である。四民はそれぞれその仕事を休み、美服をまとって飾りたてて、遊び休養し、あるいは知人をたずねあい、終日群集して、歓を尽くしている。夜にはいると、王城の前面から凱旋門まで、両側の市街はガス灯または多くの小さな提灯などに点灯し、路傍《ろぼう》にそうガス灯はさらに数をふやして、五色の玻璃《はり》（ガラス）でもって光に色をつけ、まるで昼間のようである。また、毎年の恒例で、その他各所に花火が打ち上げられた。なかでも、凱旋門の花火がもっともすぐれている。夜の九時ごろから始まり、第二時過ぎまでつづいた。青、紅、紫、白、金色、銀色の火光が絶えまなく空中をみたして、もっとも壮観である。市街には満都の人士が長幼となく往来して見物をし、ほとんど立錐《りっすい》の余地もないようになった。各戸ともに、階上には知人同士で集まり、盛大な宴をもよおし、窓にもたれて見物しているものも多い。夕方から馬車の通行を禁止した。通行人がますますふえるので、事故がおこることを心配したのである。ほぼ暁まで夜を徹して、やっと終わった。

八月六日（九月三日）、晴。随行の人々もそれぞれ旅行の準備がととのったので、朝六時に、汽車でフランスの都を出発した。午前十一時半に、トロワという所で昼食をした。

このトロワという町は、フランスの九十余郡のひとつである、シャンパーニュという郡内の一村落である。シャンパーニュ郡はブドウの名産地でブドウ酒を醸造する家も多く、なかでもシャンパン酒がもっともすぐれている。これは、その郡名をそのまま酒の名につかっているのであろう。この日、昼食のさいに、一ぱいこころみたところが、はたして他の土地産のものにまさること数段のちがいで、その名声は、嘘ではなかった。

夕方八時に、スイス国のバールという所に着いて、三王という名のホテルに泊まった。このホテルは有名なランヌ（ライン）という大河に面していて、川水が手すりの下をひたしており、夜景はとくにすがすがしく、暑さをわすれさせ、いささか旅の疲れをなぐさめることができた。

同七日（九月四日）、晴。朝八時、鎮台の案内で、説教所および織物細工所など視察のお伴をした。

この織物細工所はとくべつに広大であるわけではないが、すべて婦人の首飾りや頭の上や顔をおおうのにつかう、きわめて緻密な絹紗（ヴェール）などを作るところである。また、別に麻を紡績して織物を製造している。

大統領に面謁、農民兵の演習を視察

午後一時半、国都ベルンに至り、ベルネルホフというホテルに宿をとった。

同八日（九月五日）、雨。当地は、四方に山岳が多く、つねに雲や霧がかかり、毎朝、日が出てから三時間もして、やっと消えるという。この日は大統領に接見の予定で、まえまえから打ち合わせができていたので、午前十一時に迎えの車駕四輛が客舎に来た。一行は礼服でお伴をし、当地の議政堂におもむいて接見の式があった。大統領、副大統領、その他の高官がそろって面謁し、たがいに両国懇親の祝辞をのべた。式が終わったあと、大統領の邸宅を訪問した。夕方五時、大統領から楽師八十人ほどが派遣され、われわれがホテルに帰ってから音楽を奏した。

この音楽の調子は陸軍が行進するときに用いるものであって、舞踏や歌曲などに用いるものとちがって、もっとも勇壮であってすこぶる古雅な感じのものであった。都下の士民は、異邦の人を見物かたがた音楽を聞こうというので、ホテルの前に群集した。

同九日（九月六日）、晴。朝五時半、軍事総督の案内で、ツーンというベルンから十里ほどはなれた土地で発火演習を視察するお伴をした。

この演習に参加したのは、すべて農兵であって、わずか一ヵ月ほどの訓練で整備されるという。国内の軍備の方法は、農民から徴集して、農業のじゃまにならないようにし、その義務づけをゆるやかにして、その能力を十分に発揮させるということが、軍制上の方針となっている。だから、小国とはいいながらも、国を挙げれば二十万の臨時護国兵がある。その方法は簡単で、軽便であり、厳粛さや整然としている点ではいささか欠けているが、その勇敢さは、かえって連日のようにはげしい訓練をしている軍隊よりもすぐれているという。

ユングフラウの絶景を楽しむ

演習がおわったあと、好景楼というホテルに案内されてご馳走《ちそう》になった。この時、演習に出た役付きの士官が十三人ほど同席して、会食した。午後、舟で湖をまわり、この地の有名な富豪のバロン（男爵）某の邸宅を訪ねた。この邸はツーン湖の奥に面して建築されている。湖の周囲はおよそ十里余、楼上で湖水にむかって立つと、水青く砂白く、四周の山岳は青々としていて幾重にも重なりあっている。ユングフラウという山は白雲を高くささげ、四季をつうじて白銀の雪をいただき、天高くそびえたち、その高さは一里余もあるであろうと思われ、わが国の富士よりも少し高いであろうと思われた。諸山がすそのあたりにつらなって、まるでみどり児が白髪の老人に慕いよるさまに似ている。ユングフラウとは、処女の意味で、この山がけわしく高くそびえているので、人がまだ登ることができないということを意味しているそうである。スイス中でもっともすぐれた景色であるということだ。

同十日（九月七日）、晴。午後一時、ベルンの兵器庫に行って、大砲、小銃、そのほか数多くの新発明された精巧な兵器を見た。軍務大臣が終始案内にあたり、オランダ総領事もまた来て、お伴をした。そのあとで飼ってある熊を見た。

当地は昔からの風習で熊を畏敬《いけい》している。各家の戸には、熊をかたどってあり、邪気をさけるまじないにしている。都府の西北には大きな囲いをつくって、二頭の大熊を飼っている。往来の人が餌を与えるのに、パン菓子以外のものを与えることを禁じている。この地をベルンというのも、ドイツ語で熊という意味であるとのことである。

夕方五時、帰ってからホテルの向こうの山の夕景色を見ようというので、人々がお伴をして、けわしい道をよじのぼっていった。およそ十五町ほどで、頂上に達した。時に、落日の夕映えはなお峰々に輝き、ベルン市街も眼下にあり、人馬の行きかうさまなど、風情がある。しばらくしてから、月が出て、煙やもやがたなびき、眺望はもっともすばらしい。同七時半下って帰宿した。

ジュネーブからオランダへ入国

同十一日（九月八日）、晴。この日、士官の案内で、この国の有名な生産物である時計の産地のジュネーブという所に行って、その技術を見た。人々が多数お伴をし、午前十時、汽車で湖のほとりにあるベベイという町に行き、汽船に乗って、午後三時に出帆した。

この湖はジュネーブ湖といい、長さ十里余、幅二、三里、水波は渺茫《びょうぼう》として、まるで海のようである。周囲は群山にとりまかれて、ところどころに村落も見え、滝や泉などが幾筋もかかっていて、ちょうど庭師が考えてこしらえたかのようである。湖上から、スイス第一の高山であるモンブランが見えた。白い山という意味であるが、白雪が夕日にはえて、ひじょうな壮観であった。

およそ八、九里で、夕方七時ごろ、ジュネーブに到着し、メトロポールというホテルに投宿した。

この地は湖の西南に面していて、すこぶる繁華な土地である。湖の末流が市街を貫流しているが、広大な鉄橋がかけてあって、自由に往来できる。橋のかたわらに小島がひとつあって、樹木がよく茂っており、納涼に好適であり、すべて家並みもゆたかに見え、人品もいやしくなく、ところどころに時計の製造所がある。時計は欧州第一であり、この地をスイス人は、みずから小パリと呼んでいるということである。

同十六日（九月十三日）、晴。午後一時半、オランダに出発した。

同十七日（九月十四日）、晴。朝六時半、バアデン国のタルムスタートというところでしばらく休み、午前九時にマイヤンスに達し、ランヌ（ライン）川の岸から汽船に乗った。小さな山や広い平野のあいだに、村落や市街が近くに見える。夕方五時、ボンヌに着き、金星というホテルに泊まった。

同十八日（九月十五日）、晴。朝六時、汽車で出発し、午後一時、ランヌ（ライン）川を渡った。川幅が広く、水が深く、おまけにときどき洪水になやまされるというので、橋梁をかけることもできず、巨船をうかべて、船中に軌道をひきこみ、汽車がくれば、この軌道にのせて走らせ、平地を走るのと同様であって、すこしも停滞がない。午後一時、オランダ国境のセイヘナールに着いた。オランダからの迎えとして、ファン・カッペルレン海軍中佐および本邦の留学生らが出むかえ、それからウエットレフトにいたり、同二時半、ロッテルダムに着いた。馬車にのりかえて、ただちに市街を巡覧したのち、同三時半に出発した。

議事堂での大礼典に招待される

このロッテルダムは、マースという川にそった一都会で、ひじょうに繁華な土地である。蒸気船や帆前船がいずれも多数停泊し、すべてオランダ内地に来船する人は、ここで上陸する。

同四時、首都ハーグに着いた。汽車の駅まで、国王からの迎えの馬車三輛を飾りたて、王の側役のスヌークヘアルト・ド・スハウベルフ男爵というものが出迎えて、好景楼というホテルに案内した。この日、われわれ一行の到着を見ようというので、土地の人が群集して、道路をうずめつくした。

オランダ国王ウィレム３世　松戸市戸定歴史館蔵

同十九日（九月十六日）、曇。朝、議事堂で、国をあげての大礼典の集会があるということで、見物すればよいであろうといって、国王から招待があり、昼の十二時に迎えの馬車が来た。それぞれ礼服を着用して出た。礼式掛りも出迎えて、堂中の桟敷《さじき》のような席に案内された。午後一時、国王および大臣などの貴官がそれぞれ馬車にのって来た。途中は歩兵隊が警衛し、国王が議事堂に到着すると、議事堂内は中央の小高いところに座がもうけられてあり、貴官や諸民の総代である者たちがその前と左右に整列し、それから国王が着座して、懐中から一冊の小さな書類をとり出して、声高らかにこれを読みあげた。その内容は、まず前年が無事であったこと、国民の生活の安寧《あんねい》が保たれたことを祝し、それから、政治の可否得失を、およそ裁判、課税から官吏の曲直にいたるまで、その他万般のことについての下問であって、毎年の恒例であるということだ。式が終わったあと、国王が帰去し、つづいて当方も帰去した。

蒸気機関のポンプで湖沼干拓

同二十日（九月十七日）、曇、夜は晴。昼ごろ、銃砲製造所や歩兵の兵営などを視察するお伴をした。夕方の五時に、国王との接見の式があるので、迎えの馬車が二輛来た。そのうちの一輛は国王の乗用車で、四頭立てになっていて、装飾はもっとも壮麗であった。御者は四人で、そのうちの二人は、車をひく馬に乗ってあやつっていた。先駆の騎兵が二騎、いずれも同じ華麗な礼服であった。しばらくしてから、護従の大佐が来て案内にあたり、随行者は全部で六人、夕方の五時半に王宮にいり、国王と接見し、わが公使は両国友好の祝辞を述べられ、国王も歓迎の答辞を述べた。接見式が終わったあと、太子の別宮にいたり、それから、王弟フレデリー公の邸宅を訪問された。

同二十三日（九月二十日）、晴。朝八時、アムステルダム府視察のお伴をした。アムステルダムはオランダのもうひとつの首府で、ハーグよりも市街は広く、また繁華である。川や海の舟行の便がよく、市街を多くの川が分流していて、ところどころに大橋をかけ、なかには、橋げたを左右に旋回したり、あるいは上下するしかけになっているものが多い。これはつまり船が通るのに帆柱のじゃまにならないようにするためである。地勢は、ほぼ、本邦の大阪に似ている。商店や銀行なども大きなものがあって、貿易がさかんである。

同十時、まずレイデンというところで、蒸気機関で水を汲みあげるポンプを見た。これは同所にある巨大な湖沼を干拓するために使われているということである。それから、アムストルダムチに至り、ダイヤモンド研磨所および博覧会などを見た。この地の鎮台および水師提督らが案内にあたった。この総鎮台は、当国ではひじょうな重任であり、年功をつみ才略が抜群の者でなければ、その任をはたすことができない。むかしは、その権威が国王にひとしいものであったという。

シーボルトの日本風の別荘へ

同二十四日（九月二十一日）、曇。午前十時、レイデンというところに遊行されたのにお伴をした。これは、今回の巡回中にやといいれた書記通訳官のシーボルトの亡父の別荘があるので、シーボルトがその所に招待したのである。シーボルトの亡父（フィリップ・フランツ・フォン・シーボルト、オランダ商館医員として長崎にあり、鳴滝《なるたき》に塾をひらいて日本の蘭学の発達に多大の貢献をした。著書に『日本』『日本植物誌』『日本動物誌』がある）は、年来、わが国の長崎に在留したもので、在留中にあつめた本邦の古人の書画や器物やめずらしいものなどを、すべて日本風にならべ、また庭前に仮山水がきずいてあって、草木の植え方も欧風ではなく、ひとしお目にしみるようで一行は存分に感慨をもよおした。老園丁が網をあげて池の魚をとらえ、料理などして、ねんごろにもてなしあった。

同二十六日（九月二十三日）、曇。この日、国王からふたたび懇親のための招待があった。ただし、告別のための接見である。夕方五時に、迎えの馬車が来た。送迎応接ははなはだいんぎん丁重である。つまり、この国は他の各国とはちがって、わが国とは年久しく和親を通じており、交易をおこない、現在にいたるまで信義をうしなうことがなかった。それだけでなく、一八〇〇年代のはじめにフランスのナポレオンに侵略されて、国がほとんど滅亡にいたり、東洋の各地の属領にも本国の威令がおこなわれず、港々にもその国旗をたてることができなかったが、わずかにわが国の長崎港だけでは依然として国旗をかかげることができたので、長くこれを徳として、常にわが国の信義を忘れることがないという。その交誼が久しくつづいてすこしも衰えることのないのは感心すべきことである。

第十章　ベルギーおよびイタリーを見る

撃剣術はなよなよしてじれったい

八月二十七日（九月二十四日）、晴。朝十時、国都を出発した。この日、国王は特別に汽車を出して一行の者を乗せ、わざわざ国境まで送らせた。

午前十一時半、ロッテルダムにいたって汽船に乗りかえ、ムルデーキまで行って上陸し、ふたたび汽車に乗ってヨーセンタールに着いた。ここには、ベルギー王の特別列車が準備されており、案内の官員が数人、迎えにきていた。夕方六時に、ベルギー国の首都ブリュッセルに着いた。汽車の駅まで、礼式掛りおよびニケイズ大尉が馬車を準備して迎えにきていた。同六時、旅館に着いた。土地の人々が道にむらがり、帽子を脱いで敬礼した。

同二十九日（九月二十六日）、晴。朝の十時半に陸軍総督の案内によって、陸軍学校の視察のお伴をした。花火、のろし、煙幕など、すべて軍陣で使用する技術を習得するための火術場、薬品または染め物に使用する品を製造するための舎密（化学）術場などを視察したのち、兵隊屯営などを見た。歩兵の整列や集散の動作から、行進旋回の手並みに至るまで、はなはだ訓練が行き届いている。別に木の枝を利用する技術は、跳躍を軽便にしてすばしこい。また乱戦になって弾薬が尽きたときに銃剣でもって接戦に及ぶ動作など、まったく自由自在である。また、細い鉄のむちでもって撃剣のわざをしてみせた。覆面や小手などは本邦の撃剣術の道具と似たようなものであったが、その作りははなはだ粗末であった。撃剣術はいかにもなよなよとしていてじれったい感じがする。また、公園なども遊覧して、夕方五時ごろ帰宿した。この日はこの土地の大祭日で、夜の八時ごろから市の北の郊外では花火の催しがあり、招待されたのでお伴をした。行程は一里半ほどであって、郊外の野原に出ると、国王の桟敷《さじき》が設けてあって、その席に案内された。

独立記念の花火大会で綱渡り

この祝いの行事は、むかし、当国の初代の王がオランダから分離してこの国を創立した祝日の催しであるという。毎年、この場所で花火をあげるのを定例の行事としている。その内容は、両側に竿をたてて麻綱を張り、一人の曲芸師が美しく着飾ってその綱の上を歩くのである。竿の長さはおよそ十五間ばかりで、渡した綱の長さは三十間もあるであろうか。曲芸師は手に長い竿を持ち、綱の上をゆっくり渡り、渡りきると、今度はうしろ向きに歩いて下る。二、三度くり返すうちに、しだいに走りはじめ飛ぶように走り、あるいは中央の綱のたるみに手をかけて足を投げ出し、身をひるがえし、綱の上に逆立ちしてみせ、または一本の足を綱にかけただけで身をさかさまにぶらさげ、観衆の心をひやりとさせる。その休息中にはいろいろの花火をあげて空中に開かせ、おわりには、曲芸師がもった竿の先から火を発し、曲芸師の姿は火の中にかくれて見えなくなり、火がしずまってのち、また綱上をゆっくり歩いて見せる。この時、下の見物席のほうから数千の花火を一時に連発し、青、紅、紫、白の火光が空中にひらめきのぼり、はなはだ奇観を呈した。

この夜、群集した見物人はおよそ二万人あまり、花火に使った費用は一万五千フランほどであったといわれる。

八ヵ所の砲台で国土を死守

同晦日(九月二十七日)、晴。朝九時、大尉の案内で、アンベルスの砲台の視察のお伴をした。午前十時、一の台場に到着した。この台場の築造法はといえば、外面は土石であって屈曲してさながら長蛇のようであって、堤の下は深い溝になっていて、水がいっぱいに満ちている。内側の入り口二ヵ所に鉄橋をかけて通じている。砲台の形は扇を開いたようになっていて、外面は斜面になっており、その堤の内側は石と瓦で築きあげ、地中にあなぐらを多く掘って、その中に弾薬や大砲や機械をたくわえ、兵卒の屯所を設け、その扇のかなめにあたる所に大砲の基座を設けて数十門の大砲をそなえてある。このかなめにあたる部分と外面とのあいだは深い溝になっていて、わずかに、七、八間ほどの長さの穴が掘ってあって外面とかなめとの通路とし、この通路の両側にもまた十門ずつの大砲がそなえられている。交戦のとき、外面の砲座の砲で射撃をし、万一戦闘が不利であるときは、かなめの内部にたてこもって防御するためであるという。その構想は広壮でしかも緻密であって、ひとまわりしたくらいではとても理解することができない。午後一時、アンベルスにいたり、市街の周囲の砲台を見た。もっとも、まだ未完成のものもあって、築造法などもくわしく見られたが、きわめてうまくできている。

この国は、周囲が陸地で海港がないので、陸戦の準備は精密をきわめている。さらに、当地は国中第一の要地であって、緊急のばあいは国民を移住させて、国をあげてこれを防衛するために、当地を砲台でかこませ、そのあいだに前述の扇形になった砲台を八ヵ所もうけ、互いに死角を消しあって防御にそなえ、兵糧をつねに充実し、国力をあわせてこれを守るのである。欧州をあげて攻めてきても、容易にこれを破ることはできまいという。

三万坪、職人一万人の大製鉄所

九月三日（九月三十日）、晴。朝八時、大尉の案内でリエージ（リエージュ）というところで銃砲を製造する機械を見るのにお伴をした。正午ごろ汽車でシラアンというところに行き、製鉄所を見た。反射炉と熔鉱炉の二つの炉、鉄材精製の方法、鋼鉄の吹分け方、石炭の掘取り方、砲車および蒸気車、鉄道線路その他いろいろな機械の製造などを見た。石炭はすべて地下より掘り取る。その深さはおよそ四百メートルほどあるという。当地の総裁が自分の住宅に招待し丁重なもてなしを受けた。

この製鉄所は最も規模が広大であって、全部で三万坪ほどもある。職人は七千五百人から一万人ばかりで、およそ一年の生産額はふつう三千万フランばかりであるという。これより先、英人のニックというものがこの地に来て製作を始めてから、しだいにこの産業が広がって、現在では欧州中で有名な場所になったという。

同四日（十月一日）、晴。朝九時、大尉の案内で汽車に乗り、マリートオワニエトというところで、鏡およびガラス器などを製造するところを見るのにお伴をした。同十一時、同所に着いた。馬車四輌を準備して製造所の役員たちが十人ばかり出迎え、製造所の頭取はそのむすこを騎兵にしたてて出迎えに出し、邸宅の前に着くころを見はからって、三十人ばかりの楽隊を連ねて音楽を奏し、到着を祝し、邸宅の前にはその親戚の婦人たちをきれいに着飾らせて出迎えに出して、邸内に招き入れ、昼食をもてなした。このとき親戚のものが数人先導し、給仕などをし、別席では楽人は楽を奏し、もてなしは善美をきわめたものであった。これより製造所に案内され、種々の珍しい機械を準備して、その作業の精巧なさまを見た。帰り道では道路の両側にいろいろな職人が立ち並んで、祝いの言葉をのべた。その人数はおよそ三百人余であったろう。その前には綱を張って道路をきれいにし、なおまたその家に案内して、表のほうでは二百人余の女の職人がいずれもきれいに化粧して一同そろって祝辞をのべた。頭取はじめ役員七人が汽車で送ってきた。

国王の猟場で鹿と兎を射つ

同六日（十月三日）、晴。朝十時半、大尉およびこの地の全権ならびに近郊の山林を管理する官員が来て、案内にあたり、かねてから準備されていたチュウルンというところでおこなわれた猟を見るお伴をした。猟場は国王の御料園で、四方が十町あまりもあると思われ、幽静な土地で、樹林がうっそうと茂り、鳥獣を飼って繁殖させ、四方に土塀をきずいて、中には渓流をひき、鳥獣が集まりやすいようにこしらえてある。勢子《せこ》たち二十人余が四方から一度に追いたて、鳥獣がその小溝を走りまわるのをねらい射ちにするのである。鹿や兎の類が多く、この日の獲物は鹿が五匹に兎が六匹であった。つねにこの園中に飼ってある鹿は七十五匹、兎は数知れずという。勢子どもの追い立て方や敏捷なる射手の疾走ぶりは、危険なほどに神速である。この日の昼食はその山林の草の上に大きな食卓を準備して、身分の上下なく集まって食事を共にした。野趣が汪溢《おういつ》してすこぶるすがすがしい気持ちを感じた。夕方六時に帰った。

雷のように砲声がひびく大演習

同八日（十月五日）、晴。国王よりの案内があって、都府の外の調練場で、陸軍の歩騎砲三兵の発火演習を見るお伴をした。

ベルギー国王レオポルド２世
松戸市戸定歴史館蔵

調兵は順序をつくって整列し、士官や楽手や歩兵がそれぞれ敬礼をしてから、前述の整列した兵隊はそれぞれの長に指揮されて移動して配置についた。兵隊は調練場の各所に集合し、それから、将士が指揮をして、攻撃突進白兵戦の演習があった。

この日の人数は歩兵三大隊、大砲一座、騎兵三隊、楽手隊ともに、同勢二千五百人余という。各隊が一斉射撃のときは、砲声が一時に雷のようにひびき、砲煙は天日をおおい、はなはだ壮烈であった。終了後、兵隊が整列のうえ、ロナイル将軍が桟敷《さじき》に来てあいさつし、公使は乗馬で、各隊の陣列を巡視された。ロナイル将軍や従官カピテイン・シーボルトそのほかの人々が随従した。すべて、兵隊は捧《ささ》げ銃《つつ》をし、ラッパを吹奏して敬礼した。

同九日（十月六日）、曇。夕方六時に、かねてからの約束があって、王宮に招待され、国王と同席の晩餐のもてなしがあるというので、カピテイン・ニケイズが迎えの馬車を準備した。王宮の副門で馬車を下り、階段をのぼると、陪席の高官、陸軍総督そのほかの人々が出迎え、控え席でしばらく休憩をし、公使は王の居間に招かれ、随員たちは次席にひかえていた。まもなく、国王公使ともに次ぎの間にいたり、互いに紹介しあって、国王の高官と公使の随従の士官たちを引きあわせ、ともにうちつれて、食卓のある室に移られた。国王は正面に、公使はその右側の席につき、随員の一行および高官たちが相伴《しょうばん》にあずかった。晩餐中は、次席で奏楽があり、割烹調理は善美を尽くし、うつわや皿やさかずきや燭台などには珠玉をちりばめ、あたりは輝き、華美をきわめていた。夜の八時半に宴が終わり、音楽もやみ、また王の居間に案内され、カッフェーおよびいろいろな名酒を飲ませた。

同十二日（十月九日）、曇。朝九時、ベルギー国を出発した。国王の汽車で、カピテイン・ニケイズが同乗し、汽車の駅まで送ってきた。夕方五時、フランスに帰館した。

汽車と馬車を乗り継ぎイタリーに

同二十日（十月十七日）、曇。暮れ七時半、イタリー国に出発した。従行ならびに送行の人々は停車場まで出発した。この夜は車中ですごし、朝の六時に、アンベリウルというところでひと休みした。

同二十一日（十月十八日）、雨。昨夜から汽車は峡谷を縫って進み、いくらか寒くなってきたのを感ずる。朝から小雨がふりつづき、鉄道の両側には山岳がそびえ、奇岩怪松が突如として線路の行く手をさえぎる。汽車はその中をつらぬく洞穴をくぐりぬけ、渓流には鉄橋をかけて通っていく。行路がけわしいので、鉄道もまた至って堅牢《けんろう》にできている。

このあたりには、総じて巌石が多く、ところどころに切り通しをつけたり洞穴を掘ったりして栈道《さんどう》をつくり、汽車を通じている。線路のわきには石炭などを出すところもある。霜のおりるのも早く、木はすでに紅葉してそよぎ、山稜は青苔《せいたい》をつけ、滝の勢いは白い布をかけたようである。またたくうちに過ぎていく車中からの眺望ではあるが、いささかおもむきがある。

午後一時、サンミセールに着いた。ここからは山岳がけわしくて、まだ鉄道が通じていず、汽車では行けないので、ジリジャンスという旅行馬車で山頂を越えるのであるが、日が暮れてはおぼつかないので、ここで一泊しようということで、宿をさがすと、オテル・デ・ポストという一軒のせまくるしいホテルがあるだけで、ようやく一行の膝をいれることができた。

サンミセールからイタリー国のスーザまではモンスニーの諸山がつらなり、長蛇のように両国のあいだをさえぎり、谷間の道はけわしくて行きがたく、馬車の行程で十時間ほどであるが、途中に宿泊するところもなく、スーザからのチュラン行きの汽車は夕方の五時に出発するはずなので、この地で一泊することにしたのである。

第二時半、汽車の駅で馬車をやとったが、一台だけで一行全部を乗せることができなかったので、半分はその車が帰ってくるまで待っていた。やがてホテルに着くと、主人はびっくりしたようすで出迎え、ややあって楼上に案内した。それぞれ、はじめて座につくことができた。いかにもせま苦しくて不潔であった。それからまた馬車をやとって、村落のようすを見た。夕方三時ごろ帰った。この地は四周に高山がそびえ、山頂には不断の積雪があり、見渡しても眺望は広くない。こんな安宿も、また旅のわびしさを味わうためにはよかった。

奇岩絶壁の道をよじ登り頂上へ

同二十二日（十月十九日）、晴。朝六時、ジリジャンスという馬車二輛をやとって出発した。

このジリジャンスという車は、パリあたりで用いるオムニブス（乗合馬車）という車と同じように、車体が長大にできており、一車に八人または十人を乗せ、二階になっていて階上に荷物をのせるようになっている。平坦の地では二頭立てでつかい、けわしい道では六頭立て、十二頭立てでつかい、ところどころには駅亭があって馬をとりかえまた馬に水をのませたりして疲労をいやすようになっている。すこぶる簡便である。先ごろの欧州では、汽車が発明されるまでは、旅行にはすべてこの馬車を使用した。今も僻地《へきち》では、この古い形が残っているという。

山中の道を曲折し、あるいは渓谷にそって、朝八時にひとつの村落についた。村のなかに、汽車や軌条を製造する機械があった。これはフランスの商人が共同で出資し、このけわしい道をきりひらき、巌石の中腹に洞穴をうがち、汽車をイタリー国まで貫通させようとくわだてているのであるという。また馬車通行の路傍《ろぼう》には、別に小さな線路が敷いてある。これはアメリカ人の発起で、従来の山道にそって小さな汽車を通そうと考えて敷いたものであるという。山はいよいよ深くなり、道はますますけわしくなった。奇岩絶壁に石畳の道がかろうじてへばりついているような感じになってきたので、馬車をおりて、歩いてよじのぼり、頂上に達した。雲雷を足下にふみ、星を頂上につかむことができるようである。中腹には、ところどころ万年雪がまだらに残っており、登ってきてかわいたのどをうるおすのにすこぶる恰好《かっこう》である。頂上には人家が二、三軒あって、馬を替えたりまたは鉄道工事の工人の宿舎になっているという。

サンミセールからスーザまで、馬車の馬を六回も替えた。そのはじめは二匹、四匹、または六匹、中ごろは八匹、けわしい道では十二匹でひいた。そのけわしさ、困難さは理解できるであろう。

この頂上を下ろうとするところに石柱が立っている。フランス、イタリーの境界である。それから下って、やっと道が平坦になってきた。雲霧も消えさり、はじめてイタリーの諸山を望むことができた。夕方四時半、スーザの汽車の駅に着いた。イタリー国のルイ・ド・ヴァニアーニ大佐という者が迎えに出ていた。ただちに汽車に乗りかえて、夜七時にチュランに着き、オテル・デ・ヨーロッパというホテルに案内され、案内使もともどもに来て、同所に滞留せしめるという王命を伝えた。

フローレンスの議政堂と石細工

同二十三日（十月二十日）、曇。朝十時、大佐が来て案内し、国王の別宮および古代の武器をたくわえてあるところ、説法所などを巡覧ののち、午後一時に帰った。

別宮の玄関および石段ともに、すべてマルブルという白い石（大理石）で築きあげ、大へんにうるおいのある光沢を放っている。宮殿はいたるところに金をちりばめ、巨大な油絵をかかげ、兵器庫には諸国から集めることのできた刀剣、甲冑、小銃のたぐいが多い。その中に、わが国の騎馬武者の像もあったが、その甲冑の付け方、馬具の結びつけ方など、多くは実際とはずいぶんちがっていた。

同二十四日（十月二十一日）、曇。朝八時、イタリーの都フローレンスに着いた。

同二十六日（十月二十三日）、曇、夜雨。朝八時、一行に配属された大佐および礼式掛りの案内で、議政堂および石細工所を見るお伴をした。モザイクという石細工がこの地の名産である。議政堂の中央には、当代の国王の肖像を描いた油絵がかかっており、その両側には、先年のイタリー国諸大戦争の図などを多くかけ並べてあり、会議の式は毎年十一月から四月まで、諸民の総代が政府を支持するものとこれに反対するものとで席を左右にわけ、中央には国王および高官が席について、ひとつの国論を提案し、これを討論させ、その結論にしたがって折衷《せっちゅう》するということである。このとき、政府の主張に反対するものは左側に席をとり、政府を支持するものは右に席をとるという。また、別に高い桟敷《さじき》をもうけ、各国在留の公使を招いて討議を聞かせるようにしてある。さらに、これと向かいあった高い桟敷には、この地の大臣をはじめ高官たちの家族が参集して、議事のさまを傍聴するのである。それから細工所を見た。いろいろと珍奇な細工があった。

石細工はこの地第一の産物であって、黒い硯《すずり》材に似た石にいろいろの模様を彫ったものである。すこぶる精巧で細密であって、しかも優雅である。その製造の品は、食盤、小机、箱、石板、および婦女子の胸かざりの類《たぐい》が多い。ひとつの小箱や石板を製作するにも五、六ヵ月を必要とする。その精密なものに至っては十年十五年の長い年月をかけてやっと成功を見るにいたるということである。紫、緑、紅、白、黄、黒、その他の中間色の石を集め、人物、鳥獣、花卉《かき》、草木その他種々の形を彫刻する。いずれも玉のようになめらかで、真に迫っている。

同二十七日(十月二十四日)、晴。十時、王車二輛をそなえて公使を迎えにきた。かねてから、ローマ法王との紛争が生じて国情が非常の際であるから、諸式儀仗は省略したいと希望する旨の申し出があったので、当方も随員を減じた。午後第一時に、行事がとどこおりなくすんで帰宿した。夕方六時、配属された大佐が来て、謝意を表し、さらに王命を伝達した。命によれば、今日公使および随員の人々がはるばると波をこえて遠くの土地に来て友好親睦のよしみを結び給うたことは、まったく貴国の厚誼が遠くまで及んだのであって、深く感激にたえない、よっていささかなりともその気持ちをしめすために、当地で貴重とされているデコレーションを贈呈したいとのことであった。なお随員一行の人々にも、それぞれの地位に応じた贈り物を届けてきた。

ミラノの公園

同二十八日（十月二十五日）、晴。夕方三時、馬車で郊外を見物した。都府の東北から出るアルノという川にそって、樹木が繁茂し、散歩に絶好の土地である。

イタリー国王ヴィットリオ・エマヌエレ２世　松戸市戸定歴史館蔵

当時、イタリー国にはもとゼネラルであったガルバルジーというものが、ローマを廃滅し、仏法を一掃し、各国ともに門閥が支配する旧習を一洗して、全欧州をことごとく共和政治にしようという説を主張し、この国の政府の高官たちの多くもこれに同意し、しきりに国王にせまった。そのそもそもの原因も深いのでなおもしだいにその影響力が広がり、他方ではすでにフランスからローマを援助するための兵力をくり出し、イタリーに戦使を送って、ローマにかわって一戦に及ぼうという意志を表明するにいたった。国王はもとより仏国と戦争する意志がないので、辞をかまえて時機をひきのばしてきたのであるが、ガルバルジーの奇計で、国民はいよいよ騒ぎたち、あげてローマを攻撃するの勢いをしめし、その中にはすでにローマに侵入してところどころで侵略に及んだものもあって、フランスからはまたしきりに出兵の噂《うわさ》が伝えられている。このままでいって、しぜんに平和交渉が破れたならば、一戦争もち上がるであろうかと、騒然たるありさまである。

十月朔日(十月二十七日)、晴。朝十時、ミラノに着いた。ただちに太子の傅役《もりやく》のゼネラルが来て、安着に祝意を表した。

このミラノはイタリー国のもうひとつの首府で、すこぶる富裕な土地である。市街も広く、民家も稠密《ちゅうみつ》で、そのゆえに太子の別邸がある。かつて、イタリー王はチュランの都をフローレンスに移したが、その地がせまいので、ふたたびこの地に移そうと計画したが、その費用が莫大なのをうれえて、いまだに実現しないという。

ホテルの前には仮山水が築いてあり、諸人の遊歩休息の場所となっている。この公園は、市民が醵金《きょきん》して築造したものであるという。きょうは日曜なので、この公園に町中の子供たちが集まってむれ遊んでいる。

ピサの斜塔は実に奇観

同五日（十月三十一日）、晴。朝六時、案内役が来て、汽車でピサという土地に行き、この御苑での狩猟を見るお伴をした。途中に、この町の有名な寺院の建物を見た。中でも丸い塔の高さ二十間ばかりもあるのがもっとも壮麗であって、斜めにそびえたち、今にも倒れんばかりで、微風にも耐えられないのではないかと思われるほどで、実に奇観であった。それから狩猟を見た。

この日の猟は、騎馬の勢子が二十人ばかり、四方から追いまわし、銃手は小さな松の枝でつくった小屋の中にかくれていて、走ってくる獲物を要撃する。この日は鹿六頭を獲った。

第十一章　マルタ島を巡歴

英国の軍艦から見たストロンボリ火山

十月七日（十一月二日）、晴。朝、英国公使から、迎えの軍艦が今夕リボルヌ港まで到着するが、今夜は同所に一泊し、明日乗船のことを申したてたので、夕方四時に汽車に乗り、この地を出発し、暮れの七時にリボルヌに到着し、オテル・デ・ワシントンというホテルに宿泊した。

同八日（十一月三日）、晴。朝、軍艦から書簡が来た。風が不順なので、午後三時ごろまで待ってほしいとのことであった。午後、市街を馬車で一覧し、同三時、港口にはいった。このとき、軍艦からバッテイラ（短艇）二艘がそれぞれ本国の旗をかかげ、士官が礼服で迎えた。同四時、軍艦に移乗した。

この日、軍艦には国旗を多数たて、中央にあるもっとも高い檣《マスト》にはわが国旗をかかげ、その艦の艦長、士官一同はみな礼装で、乗り組むときには楽手兵卒が例のごとくに奏楽捧《ささ》げ銃《つつ》の敬礼をおこなった。水夫はみな檣の上に登って並んで立ち、礼砲はイタリーの艦が一艘本船の間近かにあったので発しなかった。

本艦はエンデミエーオンという壮大堅牢《けんろう》な軍艦で、大砲小銃および諸機械とも、ことごとく完備していたが、別に船室の用意がないので、艦尾のほうに仮に数室の船室を応急に準備してあった。ただちに船中を一覧した。風の模様がよいというので出帆したところが、イタリーの艦があやまって錨綱を本艦の綱にからませ、もつれあい、ようやくに解けて、夕方の六時に出発した。終夜、風がおだやかであった。

同十日(十一月五日)、晴。風は静かである。朝十時、水軍の発火演習を見た。

これは船と船との攻撃なので、その運動は駿速《しゅんそく》でかつ勇壮である。大砲連発のときは砲煙がいっぱいにたちこめてしばらくはなにも見えない。終わりに一隊の陸軍がそれぞれ銃剣と槍をもって敵船を乗っ取る駈引きをしてみせたが、その動作がじつにすばやい。船中の法規は寛優であるが厳粛である。その兵はすべて水夫であって、平常は航行に従事するが、戦闘攻撃にいたっては、別に水夫と兵卒の区別はない。また別に一隊の陸軍を乗せているのは、陸地に接近する戦争のためにそなえてあるという。

午後三時、イタリー国の孤島ストロンボリという噴火山を近くに見た。洋上に突出してそびえ立ち、その形は円曲であって、頂上のしぼんだところから火炎を噴き出している。その煙はもくもくとして絶えることがないという。本邦の浅間や阿蘇のようである。イタリー国のナポリがはるかに見え、おりしも雲が消えて海水は藍《あい》をもむようにあざやかな色をみせ、日は落ちて山頂は金色にふちどられ、じつにみごとな眺望である。

四千人の整然、厳粛な調練

同十一日（十一月六日）、晴、雷雨。朝十時、マルタ島に着いた。両側の砲台より、例によって祝砲があって、船長士官らは礼装で、艦は飾りたて、中央の檣《マスト》にわが国旗をかかげ、捧《ささ》げ銃《つつ》に奏楽の敬礼があった。午後一時、港から馬車で上陸した。騎兵が案内にあたって警衛し、鎮台の役所に案内された。

役所内の会議場に案内された。正面に四、五段の高い階段があった。鎮台はわが公使の左、通訳官シーボルトは一段さがって立った。その余は一同板の間に並んで立った。それから順番にしたがって接見が行なわれ、そのあとで昼食をもてなされた。このとき、鎮台の夫人や子息息女らも同席して種々ご馳走《ちそう》になった。

同十三日（十一月八日）、晴。朝、鎮台の案内で衛戍兵《えいじゅ》の調練を見るお伴をした。いずれも騎馬で随行した。調練場の中央の大隊旗をたてた場所に案内され、それから隊列の前をひととおり巡回してのちに、またもとの場所にもどり、調練がはじまって、横隊で行進しながらも、あとで縦隊に変ずるという隊形をとって、分列式があった。先頭の隊は黒い軍服で、小隊の行進が十一隊、つぎは赤衣の小隊が二隊、またつぎに三十七小隊がつづいた。

各小隊は四十人から四十七、八人である。ほかに軍楽隊、土坑《どこう》兵隊、雑兵、士官をあわせて四千人という。こんな小さな島でさえもこのような状態である。兵備がととのっていることに感銘した。

行進のやりかたは、調練場の中央に横一文字に並立し、隊の左の方の先頭から小隊を編成して、ゆっくり行進しながら旋回し、大隊旗の下を過ぎて、もと整列していた場所にもどる。行進は二度おこなわれ、最初は各小隊とも士官は剣をたててゆっくり行進し、二度目は剣をおさめて急歩する。その規律は整然として厳粛であり、寸分もたがわず、行進が終わってからは初めのように整列し、その中から小隊が七、八隊、列の前に進み出た。二十歩ほど前に出てから立銃《たてつつ》をした。このとき、当方の一行が少し進んでその隊の前面にいたると、兵隊はいっせいに銃槍の操作をおこなった。そのうちに当方が元の場所にもどると、一列の兵隊がまわれ右をして隊列からはなれた。この退陣する一隊の中央にわれわれがはいって、前後を兵隊が警衛し、政庁の前に至ってから各隊は分離し、式が終わった。夕方五時に帰宿した。

各国公使や鎮台士官を謁見

同十四日（十一月九日）、晴。午前十時、鎮台および付属の士官の案内で、砲台からの大砲の射撃を見るお伴をした。射撃が終わってから、海岸につらなっている砲台を見た。夕方三時、海岸の広野で、小銃の射的を見た。途中で、海岸の岸辺ぞいの道にそって長く築きつらねた兵卒の屯営に至ると、その前の高低屈曲ある場所に、一中隊あまりの兵卒が左右にならんで、捧げ銃をして音楽を奏した。

射撃を見た。的《まと》は海岸の水ぎわに幅二間、高さ六尺ほどの白い板の中に黒い筋を引いたものをかけておき、三百歩をへだてて発射する。兵卒は二十人が一隊で、二列に組んで発射した。銃はスナイドルという軽便な銃であった。わが公使も一発こころみられたが、あやまたずに的中した。射撃場は二ヵ所で、一ヵ所は遠射用で、およそ七百歩もあろうか、的は四角で六尺ばかりであった。一ヵ所は近距離で、およそ百歩から三百歩までのあいだで射撃するようになっている。この日は風が強かったので、遠距離射撃は命中するものがまれであった。夕方五時に帰った。

この夜は、在留の各国公使ら全員がわが公使に謁しようというので、夜会をもよおし、夜の八時から官邸のなかの集議場に招き、士官の妻子も同伴で、一同接見の席に会した。接見の式は到着のときと同様で、公使は段上に導かれ、いずれも階下に進み出て接見をうけた。接見式がおわってのち、段をおりて、来会者のあいだにまじって、いろいろと談話をまじえ、茶菓を供し、夜の十時に散会した。この夜の集会の人数はおよそ二百人ほど、みな鎮台士官およびその妻子たちであった。

蒸気機関が破裂、嵐にもまれマルセーユへ

同十五日(十一月十日)、晴。午後三時、大佐の案内で、砲台および新製の大砲などを見た。大砲十六門、その弾丸の重さは千三百キログラムであるという。それより、本港に停泊するカレトンヤリという総鉄船を見た。だいたいの長さは九十メートル、幅は二十メートル、外面の鉄板は二重に張り、その厚さは四寸五分ほどである。蒸気機関は千馬力、大砲は二十四門、乗組員は六百五十人であるという。その軍紀はきわめて厳正であるように見えた。

同十六日（十一月十一日）、晴。午前九時半、この港を出発した。同十一時、乗船、政庁を出発のときは鎮台がその門前まで、そのむすこと士官一人は軍艦まで送ってきて、到着したときと同様であった。すぐに出帆した。順風で船脚《ふなあし》が速い。夜の十二時、とつぜん、船中にひびきわたるような大きな音がした。一同はみな驚いて、これについて質問したところが、蒸気機関が破裂したのである。艦長が言うには、幸いにきょうマルタ島を出帆以来、すでに百余里を航行した。この順風に乗じて、帆走で航行予定を延ばして、一気にマルセーユまで到着したいと希望をのべた。

同二十一日（十一月十六日）、昨夜から、風雨が猛烈で、わずかに修繕した機関もまた破損し、まるでめくらの亀が浮木《ふぼく》に頼っているように風のまにまに吹き流される。朝九時、風雨いよいよはげしく、黒雲低迷して夜のように暗い。みな方角がわからなくなる。午後一時、風がややおさまって雲もうすくなり、陸影を見ることができた。それがマルセーユであったので、船中をあげて喜びあった。同二時、港口についた。川蒸気に曳かせて港内にはいり、船中で一泊した。夜はまた暴風雨。停泊中の船は檣《マスト》を折られ、あるいは帆げたを吹き落とされ、一晩中、音響がやむことがなかった。

海岸の眺望を楽しみパリに帰館

同二十二日(十一月十七日)、晴。午前十一時半、本船の小艇でマルセーユに上陸し、馬車に乗って、ガラント・オテル・ルーブル・ド・ラ・ペーというホテルに投宿した。鎮台が安着に祝意を表した。午後三時、馬車に乗って市中を遊覧し、プラドウという花園に至った。ときに雨が降りだしたがまもなく晴れあがり、風景がとくにすばらしかった。なおも行を進めて海岸に出ると、微風が海面に波のしわをつくり、夕映えが山々に照り輝いている。水天遠くまで一面に映えていて、眺望はひろびろとゆたかである。つい先ごろまで船中で波にほんろうされてただよっていたときの苦しみを思いかえしてみると、まるで違った世界のような感じがする。

同二十三日(十一月十八日)、晴。午前十一時、マルセーユを出発し、汽車に乗り、暮れの七時にリヨンに着いた。しばらく休憩ののち、また汽車に乗って、翌朝七時半にパリに帰館した。

十一月六日(十二月一日)、曇。午前十一時、馬車に乗って旅館を発し、カール・デ・ノールから汽車に乗った。一行は全部で十七人である。土地がしだいに北に移るので、寒気もつのり、暮れの六時半にブローニュという仏国の北辺の海岸の土地に着いた。旅客は都合によっては、ここから船をやとって英都ロンドンの大橋まで航することもあるという。夜七時、カレイ港につき、オテル・デ・ズルサンというホテルに投宿した。

第十二章　イギリス巡歴の旅

激浪に耐えドーバー入港

十一月七日（十二月二日）、曇、午後雪。朝五時、英国エドワル少佐が旅舎を来訪し、昨夜から風がよくないので、出航の延期を告げた。午前十一時、ようやく静まったというので、馬車で出発して港口まで行き、郵便の汽船に移った。この港口にある英国の汽船は堅牢《けんろう》なので、強風や激浪《げきろう》にも耐えることができる。風はなおはげしく、四方はすべて暗くて見えず、船の動揺がはなはだしい。まもなく凍った空からは雪が落ちはじめ、甲板上は飛ぶ雪とくだける逆波《さかなみ》とがぶっつかりあって、銀色の山が一時にここに崩《くず》れおちるのかとあやしまれるほどであった。船中には、これを見ている人影も少ない。この日は、他の船で破損したものがすでに五、六艘におよんだという。そのうちの一艘は、本船の航行中に眼前に目撃したが、檣《マスト》が折れ、へさきはくだけて、ものすごい状景であった。

かろうじて、午後三時に英国のドーバー港に着いた。風がよくないので、平常の投錨場に船をつけることができず、やっとのことでもっともせまい港口に急に上陸することになった。この地の鎮台の将軍および大佐などが出迎え、市街の入り口にあるホテルでしばらく休憩したのち、案内によってホテルにつれていかれた。ここの階上の大広間で、鎮台の将軍やその他の官員たちがわが公使のこの地への安着に祝意を表するための儀式がおこなわれた。この式では、わが公使を広間の正面にすえて祝辞がのべられた。その内容はつぎのとおり。

ドーバー港およびドーバー府の支配人ならびに紳士らはつつしんで殿下がイギリスの地に上陸したもうたことを祝賀する。貴国はしだいに欧州各国の形勢を了解し、かつ親交を厚くしようと欲して、今回わが国に来臨したもうたのは、われらにおいても、すべてわが国民のためにも、おおいに喜ばしいことである。これは、わが女王と東方に栄える貴国との交際を厚くし、両国の貿易はますます利を生じ、さらに開化が世界中に広まるであろう確証ということができよう。われらは殿下の幸福をいのり、この府中の人々は殿下および貴国を尊敬するの意を表明する。一八六七年第十二月二日、ドーバー府の町寄合《まちよりあい》の印を証として以上のことを申しあげる。

支配人ゼジチアーチ・ワトノキ、書記官エドワルド・トノックルノキ記す。

広大な国会議事堂を見学

右の祝辞を呈するときは支配人の側に侍者が礼式に用いるための道具数品をささげ、この国在留中のわが公使の随従を命ぜられたエドワル少佐もまかり出て祝辞を呈した。午後四時、客舎を発して、国王が差し遣わした汽車に乗り、暮れのロンドンに着いた。このとき、両側に一中隊の歩兵が整列し、捧《ささ》げ銃《つつ》をして奏楽した。駅には盛飾の汽車が準備されていて案内された。この府にいるわが国の留学生らも一同で出迎え、暮れの六時半にブルック・ストリートのホテルに案内された。このホテルは招請のために設けられたもので、以後の滞在中の賄《まかない》は、諸事万端、国王から命ぜられているとのことである。さらに、現在わがほうで雇っている士官シーボルトは、もとはこの国の士官であったので、わが公使滞在中は、同国より命じてわが公使に配属するとのことである。

同八日(十二月三日)、曇。この地は秋の末から春のなかばごろまで、連日曇天がつづき濃霧がたちこめ、まったく一寸先も見えない状態で、大きな建物や奥深い室内や大事な仕事をする商店などの多くは、白昼から点灯している。寒さもきわめてきびしい。午前十一時、外国事務執政のスタンレン卿が来てあいさつをし、明日国王との接見のことを打ち合わせた。もっとも懇親の応対であるから、万事略式にしたいので、正装することもなく、随従者も減員してほしいとの申し出があり、また国王は、当時、郊外のウェントソールという離宮にいるので、そちらのほうに来訪してほしいということなどの相談があった。夜七時、お付きのエドワル少佐の案内で議事堂を見学されるのにお伴をした。

お伴に従ったのは八人であった。この議事堂はテームズ川に面していて、広大な建物である。議場は二つにわかれ、一は貴族の人々の議場であり、もうひとつは諸民の議場であるという。

女王に拝謁し新聞社も見学

同九日（十二月四日）、曇。午後一時、外国事務執政スタンレン卿およびエドワル少佐の案内で、同二時、接見式があった。

女王の馬車三輛を準備して迎えにきた。王宮の正門階段下で下車した。このとき、一中隊の兵士や軍楽隊などが整列して、奏楽し、捧げ銃の敬礼をおこなった。それから石段をあがって廊下でしばらく休憩した。ほどなく奥から士官が出てきて案内し、扉の内側にみちびいた。この室を白書院という。女王の御座所に至ると、女王はうしろに女官一人、つぎに士官一人女官一人を従えて、やや前に進んで接見された。公使は一礼してから、あいさつを述べられた。側からシーボルトが英語に訳してこれを述べ、女王もいんぎんに謝辞を述べられた。つぎに公使が女王の女官や士官を引接し、そのあとで、全権や三人の随員が一人ずつ、女王に謁した。それから表書院へ招じいれられて、茶菓などのもてなしがあり、随員一行もお相伴にあずかって退出した。

同十日（十二月五日）、曇。午前十一時、タイムスというところの新聞社に案内されて、見学のお伴をした。

この新聞社は欧州第一の大新聞社であって、その印刷はじつに精密であって、文体もまた

イギリスの新聞に載った徳川昭武「日本の大君の弟」と紹介されている。“THE ILLUSTRATED LONDON NEWS” 1867年12月21日より

平易である。一日に四十人で二時間に十四万枚余の紙数を印刷し、毎日、各方面に売っている。その機械もはなはだ巧みであってまた便利である。午後一時半、兵器の貯蔵所を見た。いずれも古代の刀槍銃砲その他珍奇の古器物などがあった。そのなかに、現在もちいられているスナイドルという新発明の銃七万挺が格納されていた。

騎兵の進退、砲門の操作を迅速に

同十一日（十二月六日）、曇。郊外ウーリッチという所で大砲製造機械および製造のようすを見た。朝十時、汽車に乗ってテームズという首都を貫流する川の橋をこえて、同十一時、ウーリッチにいたった。このとき、一中隊余りの歩兵が片側に整列し、捧げ銃をして、同所の将軍二人および付属の士官が数人出迎えた。それから馬車で兵営前についた。ここには黒い軍服の兵隊一中隊に士官らも出て、前述同様の敬礼をもって迎えた。そこを過ぎて調練場に行った。各隊の砲兵が布陣し、調兵の支度をしたところを一巡し、そのそばに設けた巨大なテントのように作られた陣地にはいり、その中に貯蔵されている大砲、車台、弾丸、軍艦砲台築造のための道具、浮舟《うきふね》を利用した仮橋、その他いろいろな攻守の機械で旧式のものや新発明のものを精密に模造した雛形《ひながた》や図面を見た。また調練場に至り、ウート将軍の統轄する大隊旗のもとでの、この日の調練を一覧した。この兵は騎砲といって、大砲と騎兵をあわせたものである。隊は二座である。

野戦砲は各座に六門、一門の砲に騎兵七騎がついている。ほかに大砲をひく馬六頭をつらねて、その馬に砲兵三人を乗せている。七騎は大砲の前に整列していた。砲のうしろは、弾薬車一輛を四頭の馬でひき、砲兵二人がその馬に乗り、攻撃のときには前の騎兵が進路を切りひらいて、すぐに馬からおりて発砲し、また馬に乗ってしりぞいてくる。騎兵、砲門、弾薬車が一団となって馳《は》せめぐり、その進退や砲の操作の迅速なこと、すべての動作が自由自在であることは、まるで掌《てのひら》の中で動かしているかのようである。

次ぎに、砲兵一座砲六門、その次ぎに巨砲四門二座が、当方の大隊旗の下に至ったのを合図として、各隊ともに行動をおこして分列式をおこなった。大隊旗の下に至るごとに、士官はそれぞれ剣をたてて敬礼し、旋回して三度行進をくり返した。

ただし、初めは並歩《なみあし》、つぎは疾歩《はやあし》、さいごは駆歩であった。いずれも規律正しく、馬首や車輪の位置に寸分も乱れがなかった。

行進が三度くりかえされたのち、前列の騎砲兵二座は調練場にとどまり、その他の隊はゆっくりと引き揚げた。二座の騎砲兵は、それぞれの隊にわかれて、発砲の訓練をおこなって見せた。この行動も敏速で、規則正しく、また馬や車を動かす動作もすこぶる精妙である。発砲すること約半時間、いろいろと攻撃の行動をしてみせ、おわってから帰陣した。それから兵営を見た。兵隊、士官を教育する学校、築城学や地理学、舎密学(化学)、数学を教える所、そのほか諸学科の教場および休日の遊息所の設備もある。機械をそなえて遊戯に使用する道具を製作する所や運動の練習場、兵隊がもよおす劇場もあった。この兵営を見おわるころ、兵営の前で、太子の弟が出てきて、あいさつをかわした。

この弟王は十五、六歳であるが勉学のために兵隊にくわわり、この地に寄宿して修学中であるという。修学中は衣服食事ともにすべてその学科によって順位等級があり、ふつうの士卒と同じように勉励している。王弟であっても、その身分の高さを理由に軍紀を犯すことは許されていないという。ひととおりの巡視ののち、兵営の食堂で昼食をした。

クリスタル・パレスと大音楽堂の奇観

同十三日(十二月八日)、雪。午後一時、クリスタル・パレスというガラスで作った巨大

クリスタル・パレス内部　ガラスを通る光で室内は明るく、もともとあった楡の木が立っていた

な建築を見るお伴をした。汽車に乗って、およそ一時間ほどの所であった。

このクリスタル・パレスは、首都の郊外にあって、先年この地でもよおした博覧会の会場跡であるが、その後、いろいろと手を入れて、士民遊覧の場所にしたのである。その建物の骨組みは鉄の柱で、屋根はガラスでふき、その中には各国の古代の宮殿の模様やその他の古器物を陳列し、入り口はすこぶる長い階段式の廊下で、ところどころで曲折して登るようになっている。品物展観の場所は広い板の間で、そのそばには巨大な音楽堂がある。指揮者が中央に位置して、その前後左右は大きな石段のようにたたみ上げて、中央にむかって座席を設け、音楽会のときには一度に五千人余りを集めて奏楽するという。その広い板の間の正面から階段をおりると、庭の前に出る。この庭は遊歩のために設けたもので、奇草佳木を植えこみ、ところどころに噴水があり、各所に腰掛けがそなえてあって、自由に観覧させている。園中はひろびろとしていて、高低曲折があり、あるいはめずらしい形の石を置き、あるいは渓流をしつらえ、流水にそって石橋をかけてある。林の中の小道をまわるとひとつの池の上に出る。池の中の小島には岩がそびえ、そのそばには猛獣悪魚の形を模造して岩を背にしてうずくまって置いてある。すべてひねもす飽《あ》かぬ奇観であるといえよう。

同十四日（十二月九日）、曇。朝九時半、スリウスベリネスという所で、大砲の射撃を見た。まず、砲兵の陣営から築城、台場などの地図などを一覧し、発砲の操作やそのほか車台が急に破損したときの応急の修理法などの調練を見た。

この訓練は士官と兵卒とがまじりあっての調練である。その士官は大佐から大尉にいたるまで、すべて期限一年ばかりの交代で兵卒に加わり、運動、訓練をするという。

鉄艦も破砕する魚雷の威力

それから海岸に出て、大砲の発射演習を見学した。この射撃は、海岸にかけ並べた六十斤ほどの大砲で破裂弾を発射した。標的は海中に幟《のぼり》と石とで、遠近のあちこちに設置され、満潮のときには隠れて見えないので、干潮を待って射撃する。この地は遠浅なので、干潮のときには八英里（マイル）ほども潮がひくという。標的は各所に布置してあり、近い所で四、五百間、遠い所で二里ほどもあるであろう。的の形は方形で箱のようになっている。ひじょうに堅牢《けんろう》に作ってあるという。この日は遠近あわせて六個の標的をねらったが、いずれも特に遠くにはずれることはなく、標的の近くに着弾した。また、櫓《やぐら》仕掛けで望遠鏡台のようにこしらえ、その上に長さ二間ほどの半分に断ち割ったボンベン筒を備えておいて、火矢（魚雷）を発射する。これは椎《しい》の実を細長くした形をしていて、その矢をのせて点火するのである。はなはだ猛威を持っていて、命中すると、堅牢な鉄艦であっても、かならず燃えあがって破砕されないものはないという。

また、もう一ヵ所の試砲場に行き、いろいろな種類の弾丸を貯蔵してある所を見てから、ふたたび海岸に至り、三百斤の大砲を発射した。

この弾丸は鋼鉄で、敵船を貫通突破するのに使用する。その標的は二十町余りはなれていたが、七、八町ほど前で弾丸が破裂し、その勢いを増して鋭利な巨大な鏃《やじり》のように尖った先で、鉄船を貫通破砕するのである。

また、鉄板で作った台場の模型および鉄板を打ち抜く技術を見た。

この鉄の台場は模型であったが、その内面は石で築き、厚さ約三尺ばかりである。内外面とも厚さ四寸余りの精製した鉄で包んであった。鉄板を打ち抜いたのは、鉄板を貫通破砕するためのこころみであって、厚さ七、八寸ほどの鉄板に一尺ほどの樫《かし》材をたたみこんで鉄板の裏打ちにし、樫材は太い鉄の縄を何度もたばねて重ねたものを通して締めつけたものである。その砲は六十斤ほどで、十町余りの距離から鋼鉄弾をつかって試みたが、その鉄板を貫いたのを見ると、まるで網のように破れており、内側の材はすべて粉砕されて跡をとどめなかった。そのほかにも六寸と四寸ほどの鉄板を試みたのも多かったが、いずれも破砕された。

大英銀行での厳密な貨幣製造

同十五日（十二月十日）、曇。朝十時半、バンク・オブ・エンゲランド（大英銀行）という政府の両替所ならびに金銀貨幣の鑑定場および貯蓄する所、地金置場、紙幣製作所などを見た。

場所は広大であって製作の方法はすこぶる簡易軽便でしかも厳粛である。金銀を貯蓄している状態はまるで小山か丘のようで、小さな鉄車で地金を運搬し、造幣局は地金の鋳型から板金の製法および円型に打ち抜く機械や貨幣面の模様を打刻する方法、貨幣のふちにきざみをつけることから、製造した貨幣の分量や合金比率の検査など、また紙幣の製造もきわめて精緻をきわめ、方法もまた厳密である。すべて順番に局をわかってその機械を陳列し、細大もらすところがない。これらを見ても、この国の富裕なことが推測されよう。

同十六日（十二月十一日）、晴。午前十一時、ポーツマスという所で、軍艦をたくわえておく所そのほかの海軍機械の視察のお伴をした。汽車で午後一時に着き、当地のホテル・ビイールというのに投宿した。

同十七日（十二月十二日）、晴。午前十時、案内によって城門内にはいった。門内の市街を過ぎて、港口に至り、戦時に士官兵卒を運送するセラゼスという巨艦を見た。

この艦はふつうの郵船と同じようで、やや大きい。士官の部屋は総じて美麗である。乗組み千六百人を運送し、蒸気力は七百馬力で、一時間に英里法で十四里（海里）を航走するという。

また近ごろの発明であって、元来巨船であって航海に不便な船を中断して、蒸気機関を改良したものを見た。

これは精鉄で五個の円形の砲門をそなえ、その砲門の厚さ一尺余りの鉄板の内側を堅い木材で一尺八寸ほどの厚さにたたみあげ、発砲のときにはその砲門を機械で旋回して巨砲の砲口を出して発射する。どの砲も三百斤の大きさであるという。船のふちはすべて鉄で、釣塀のようにこしらえてあり、有事のときには船べりをつりおろして船ばたを水面わずか数尺ぐらいに低くし、敵から狙撃しにくいようにしておいて、敵船に近寄ると実弾をもって敵船を破砕するのに便利である。この船はすべて軍艦のかたわらや砲台の近辺や港の入り口などの重要なところに配置しておいて、進攻して来た敵艦を狙撃するのに使うという。

糧食から治療の薬品も備えて前進

また、巨船二艘で、大砲射撃の操作および小銃隊の運動ならびに巨砲の標的射撃を見た。

この二艘が停泊して舷側が接近したときに両艦に釣橋をかけて各艦を往来し、見るものの便宜をはかった。標的射撃は千八百ヤード（千六百メートルあまり）の距離にある海中の板に黒点をえがいた標的を立て、最初は実弾で一発ずつ八回、二度目は破裂弾四発ずつ連発した。大砲調練、小銃操作および標的射撃の方法はもっとも整然として厳粛で敏捷であった。連発の弾丸の多くは的をはずれることがなく、破裂弾はいずれも寸分のちがいもなく、水ぎわで破裂した。

同十八日（十二月十三日）、曇。朝七時半、ポーツマスを発し、到着時とおなじ兵卒の儀礼をもって送られ、汽車でグートという土地で馬車に乗りかえ、オルトルジョックトという所で歩騎砲の三兵の大調練および兵器機械を見るお伴をした。グートから調練場まで二里ほどのあいだ、出迎えの赤隊の騎兵二隊が先導にあたった。

この日の調練に参加する三兵は、戦隊を編成していっせいに整列し、当方が調練場にいたるとたちまちに向きをかえて立て剣の敬礼をおこなってから分列行進をした。先頭隊は大砲一座であった。一座は砲六門、騎兵四十騎であり、一座が一列に並んだ。第二隊は撒兵一中隊八十人、歩兵九中隊で各中隊八十人ずつ、つぎに騎兵十二小隊がつづく。六小隊ずつふた手にわかれ、いずれも赤服に金飾りの兜《かぶと》をいただき、ひと手は兜のふさが赤く、ひと手は黄色であり、各小隊は十二騎ずつである。つぎに大砲三座、各座六門、一門二十余斤、つぎに土坑兵一中隊八十人、つぎに歩兵九小隊、一小隊八十人ずつ、つぎに輜重《しちょう》一隊、車二十輛、各車六頭立て、別に予備車八輛が付属している。つぎにこの輜重が四頭立ての車十六輛編成で、別に予備車四輛をもってつづいた。輜重の前の一隊は浮橋《うきはし》、釣橋または険阻《けんそ》な所にかけて前進するためのさまざまの器具をのせ、後の隊は糧食や露営の道具、攻撃の機械および傷病兵の治療の器具薬品などをそなえていた。その行進は各隊が縦隊になって旋回しながら行進し、一隊一列ごとに間隔をおき、二隊の軍楽隊が行進に参加して奏楽した。その一隊は歩兵隊に、他の一隊は騎兵隊につき、歩兵の行進は歩楽手、騎兵の行進は騎楽手が奏楽した。ゆっくり歩く行進が一巡したあとで、ふたたび旋回して二度目はやや急歩し、三度目は疾歩した。疾歩は騎兵だけで、馬はガロ（ギャロップ）という走り方できわめて速い。もっとも列はきちんととのっていて、一歩も出すぎたり出おくれたりする者がない。

浮囊を継いで広い川も渡る浮橋

行進が終わったあとで砲兵が発砲した。その砲声が終わるころに、うしろにたむろしていた騎兵が進撃し、騎兵が敵陣を駈けくずし、引き退くと歩兵が進んでいっせいに射撃をした。それから攻進襲撃の挙動をあれこれとおこなったのち、ふたたび三兵を合して三列にし、それぞれ戦隊に編成し、砲騎歩の順序をもって総攻撃の挙動をして、各隊ともいっせい射撃をおこない、終わってから各隊が分離し、方陣を組んで銃砲を交互に発して終わった。

また、調練場側の広さ十間ばかりの小川に、運んで来た浮橋の器具を士官の指揮で車からおろし、見るまに浮橋を作った。

この浮橋は、幅六尺ばかり、長さ二間余りのうすい鉄板で作った丸い浮囊《うきぶくろ》を水上にうかべ、上下に縄をつけ、その浮囊に二寸角ほどの細木を多くかけ、川幅に応じて浮囊の数を増し、はじめに架した所に五、六人の兵卒を乗せて突き出し、続けて対岸に到達させる。それから細木の上に厚さ一寸五分、幅八寸余りの木板を並べ、たちまちにして幅一間半ばかりの橋を作りあげた。その板を並べ終わってから、浮橋の両ふちでは、細い木に縄のついたもので板と細木をむすびあわせ、動揺破損の心配がないようにしてある。橋梁ができてから一隊の騎兵を渡してみせた。どんなに広い川でも、この方法で継ぎたしていけば、容易に渡ることができるという。その軽便簡易に感心した。

また、兵営を見た。調練場の七、八町右のほうはすべて兵営であって、三兵とも屯集して、日課として調練をおこなっている。その兵営の様式は二階のない長屋をいく棟も建築し、それぞれ、アベセ（アルファベット）の順番で番号をつけてある。士官が居住する建物はやや大きく、二階または三階建てで、いずれも妻子のあるものは同居しているという。

午後二時、兵営内の将軍官舎で昼食をし、ふたたびグートに至り、汽車で夕方五時にロンドンに帰着した。

〈付録〉『渋沢栄一自叙伝』より

王政復古と帰朝

一　新聞にて政権返上を知る

各国の巡遊を終って専心勉学するようになってから、一月ばかり経つと幕府の方から命令があって、御傅役《おもりやく》の山高石見守《いわみのかみ》が免ぜられたが、山高は引続きパリに留学して居る事となった。それで公子（徳川昭武）に属する一切の役目は私一人きりとなり、水戸から付き従った御供《おとも》の中で病気のため二人帰国したので、人数も大分少《すくな》くなった。ところがこの年の暮頃になって祖国の日本においては、慶喜《けいき》将軍が政権を朝廷に返上したという評判が新聞によって伝えられ、続いて様々の出来事が続々として報道せられたが、民部公子御付の人々は勿論《もちろん》、公子付添の仏国士官も恐らく虚説であろうといって信用する者がなく、その他の仏国留学生達も半信半疑の有様《ありさま》であった。しかし私だけは日本に居る当時から、幕府は早晩倒潰《とうかい》する運命を持っている事を予想しており、その時期も近い将来だろうと考えておったのであるから、この度の報道も恐らく事実であろうと思い、他の人々にも私の意見を申述べたような次第であった。やがてその年も暮れて西暦一八六八年（明治元年）の正月頃になると、追々《おいおい》日本から確実な報知が到着し、去年十月十二日将軍家には政権を朝廷に返上し、朝廷もまたこれを御聴届《おききとど》けになった事が確実となった。故国の政変がこう急変したならば、いずれ一騒動は免れまいと心配していると、三四月の頃になって鳥羽伏見《とばふしみ》の戦いの模様やら、慶喜公が水戸に退隠された事やら、その他政変に伴う委《くわ》しい報知に接し、意外千万な政局の展開に差し当って、民部公子初め吾々の善後策について、何とか方法を講《こう》じなければならぬ事となった。

その頃パリに滞在しておった外国奉行は、栗本安芸守《くりもとあきのかみ》という人であったが、この栗本や御傅役罷免《おもりやくひめん》後なお滞在しておった山高石見守などと相談し、幕府が倒れたとすれば、民部公子の留学は送金の関係上、困難な事となるが、前将軍家が朝廷の命令に従って恭順の意を表しておられる以上は、この際民部公子がにわかに帰朝されたところで、別段に尽すべき事柄もあるまいし、かつせっかく留学の緒《ちょ》に就かれたのであるから、少くも引続き今後数年間留学せられて、十分研学された方が宜《よろ》しかろうという意見が纏《まとま》り、それについては第一に経費の節減《せつげん》を計る事が先決問題であるから、水戸家付の五人の御供《おとも》の中、さらに三人を帰国させ、公子と私と御相手《おあいて》の少年と御供二人の五人とする事に決議した。

元来外国奉行一行の供奉《ぐぶ》した間は、博覧会参列が主《おも》なる使命であったから、その経費も悉《ことごと》く外国係の方で支弁したが、各国の視察も済んで愈々《いよいよ》民部公子がパリ留学という事となってからは、毎月五千ドルずつ幕府の方から送金して来た。私が一切の事務を執《と》るようになってからは、出来得《できう》るだけ倹約《けんやく》して余裕を作るようにしておったので、翌年《あくるとし》の二月頃には二万両ばかりの余裕を見る事が出来たから、フロリヘラルト氏の勧めに従ってフランスの公債と鉄道株券を買い求め、万一の場合の用意としておいたことは既に述べたところである。ところが丁度三月頃、新政府の外国係伊達宗城《だてむねなり》、東久世通禧《ひがしくぜみちとみ》の両人から民部公子に宛て、王政《おうせい》復古《ふっこ》になったにつき速かに帰朝せよという公文が届いたが、私は栗本安芸守に談じて、「今民部公子が帰朝せられても仕方がないし、わずか十五歳の少年であらせられる民部公子を大

洋装の渋沢栄一　欧州巡歴後の留学生活では、昭武一行は洋服を着た。渋沢史料館所蔵

洋装の昭武と愛犬リヨン

混乱の渦中に進んで投じさせるような事はかえって得策でないから、幸い外国に来て禍乱の圏外にあるゆえ、今四五年留学せらるるように取定《とりき》めたいと思う。ついては尊公《そんこう》が当地に滞在しておられても、幕府が瓦解してしまっては職務を行わるる事も出来なかろうから、速かに帰国せられて、旧幕府方の勘定奉行等と相談の上四五万の金を送るように御配慮願いたい」と依頼し、なお幕府が倒れて仕舞っては現在フランスやイギリスに留学している二十名余りの人々に対しても今後送金は難しかろうというので、手許にある予備金から帰国の旅費を支出して引揚げさせる事にした。

その時の英国留学生には林《はやし》董《ただす》、外《と》山《やま》正一《まさかず》、中村《なかむら》正直《まさなお》、川路《かわじ》太《た》郎《ろう》の諸氏がおったが、様子を聞いて見ると帰国の旅費がないため、英国の帆船会社に依頼して喜《き》望峰《ぼうほう》を回り、所謂《いわゆる》荷《に》為替《がわせ》付《つき》で帰るということであった。それを聞いて私は余り情《なさけ》なく思ったから、民部公子の予備金の中から五千円ばかり支出して帰国せしむる事とし、私が英国へ行って仕末をつけて来たが、これらの留学生はいったんパリに集り、船の出るまでは五六日間があったので、旅館にいては金がかかるところから、民部公子の借りている家に入れて、食物なども私達と一緒のものを供した。監督の川路氏中村氏は別に帰国する事となり、この仲間に加わってはいなかったが、林や外山など七八人の連中が、待遇が悪いとか、嗇《けち》だとか言い出して不平を起し、遂に林董が代表者となって私のところに談判に来た。その言分は「仏国の飛脚船で帰国する事の出来るのは誠に結構であるが、吾々学生に対するこの冷遇振《れいぐうぶ》りは余りに甚だしい、まるで豚の様な取扱いである」というのであって、開き直って待遇改善を要求したのであった。これを聞いて私は大いに立腹した。如何に書生気質《しょせいかたぎ》で世事に疎《うと》いとはいえ、余りに訳の判らぬにも程があると思ったので、都合によっては腕ずくでも屈服せしめようと考え、覚えず刀に片手をかけ、

「君達は何の為めに外国まで出て来たのだ。学問をしては居らなかったのか。私より多少歳は若いようだが、今、日本の状態がどうなっている位の事が判らぬ筈《はず》はあるまい。徳川幕府が倒れて政府が変り、従って日本からは君達に対して費用が出ない位は解《わか》っているだろう。それで喜望峰回りの帆船で荷為替付で帰る筈のところを、拙者の計らいで立派な船客として帰国する事が出来る様になったのではないか。その費用も皆民部公子から出るのである。それも私の心配でやった事である。その事情を知っておりながら、暫時の宿泊位

に不平を言ってどうなる。駄々《だだ》ッ子《こ》でも人間の道を知っているならば飯ぐらいは自分で盛る。それに君達はまるで花見遊山にでも来た気で居るのは甚《はなは》だ怪《け》しからん。また君達は冷遇だというが、拙者共と同様の待遇をしているではないか。豚のような扱いだと言うが、荷物となるよりは余程よい筈だ。荷物を豚にして、次いで立派な船客としてやるのだ、それが気に入らねば今から出て行くが宜《よろ》しい。腕力で来るなら来い、覚悟をしているからビクともせぬぞ。そんな事でどうして学問した者と言い得るか？」

と手酷《てきび》しく叱りつけた。ところが案外容易に折れて出て、「飛んだ我儘《わがまま》を申して誠に相済みませぬ」と早速詫びたから、その場は無事に済んだのであったが、後《のち》に外務大臣となった林董は、「あの時ほど怖《おそ》ろしかったことはなかった。渋沢は穏和な人だと思っていたのに……」と言っていたそうである。それは兎《と》も角《かく》として、留学生の始末については、別に物議も起らず、都合よく運びがついて帰国出来たがこの時有名な蘭医《らんい》伊東玄伯という人も一緒に帰国した。

栗本安芸守の帰国したのは明治元年の三月頃であったゆえ、あるいは約束の金を送って来はしまいかと思って心待ちに待っておったけれども、六七月頃になっても何等の便りすらなかった。しかし幕府の勘定所から送り出した月額五千ドルずつの留学費用は、五月分まで受取る事が出来たし、留学生の帰国旅費を支出してもなお二ヵ年位は十分滞在する事の出来る勘定であったので、万一これ限り本国から送金が無いとすれば止むを得ず小さな所に引移り、人数も民部公子と私の外二人位に切詰《きりつ》めると四五年滞在出来そうだったので、自分だけでその決意を定め、なおまた幾らかでも留学費の余裕を作っておこうと考え、かつて国許《くにもと》を立退く際には、今後再び父晩香《ばんこう》（渋沢市郎右衛門晩香）の世話にはならぬと誓ったのではあるが、万止《ばんや》むを得ぬ場合であるから、郷里の父に書面を寄せて事情を具《つぶさ》に申送り、改めてお願いした場合には何卒送金してくれるようにと願ったような次第であった。私の父は至極理解に富んだ人であり、私の書面を見るや、徳川家の恩顧《おんこ》を受けた以上は徳川家のために尽すのは当然であるというので、家産を売却しても出来るだけ多くの資金を送らなければならぬと決意され、家人にもその事を語られたそうである。ところが日本においては水戸の藩公が死去され、民部公子が御相続される事に決定した由で、水戸藩から御迎えの者がその年の九月にパリに来たので、民部公子の留学も全く絶望となった。私としても実に遺憾千万《いかんせんばん》ではあったが、如何《いかん》ともする事が出来ないので、止むを得ず帰朝の支度《したく》に取掛り、旅舎の始末や什器家具等の売却等はすべてフロリヘラルト氏に依頼し、仏帝ナポレオン三世や、外務省の役人等にも別れを告げ、九月末にパリを出発して帰朝の途に就き、横浜に入港したのはその年即ち明治元年十二月三日であった。

二　有為転変に感慨無量

話は少し後に戻って、民部公子の一行がパリを出発して以来、途中恙《つつが》なく香港に着したが、ここで会津落城の事を聞き、また幕府の海軍を統帥しておった榎本武揚《えのもとたけあき》が幕府の軍艦を率いて函館に立籠《たてこも》っているという事をも聞き及んだ。やがて上海に着すると、会津の兵事顧問であったスネールというドイツ人と長野という通弁《つうべん》が、鉄砲買受けのため同地に滞在しており、長野とは洋行前に知合いの間柄だったので、公子の一行に私も御供しておるという事を聞き込んで、スネールと同道で面会に来たり、各藩の向背や目下の形勢について、見聞のままを物語り、前将軍慶喜公には恭順の意を表して静岡に蟄居《ちっきょ》しておられるから、今更幕軍の首領に戴《いただ》くわけには参らぬが、丁度都合好く民部公子が帰朝されたのであるから、公子を首領に戴いて同志を糾合《きゅうごう》したならば、軍気も大いに揚がるだろうし、大勢を挽回する事も敢《あえ》て難事でないと思うから、横浜に立寄らずに直ちに函館にお連れ申すようにせられたいと頻《しき》りに勧告し、私に対しても幕府方に投軍を勧めたものである。しかし私としては民部公子をそのような危険な渦中に投じ申す事は甚《はなは》だ好まぬところであり、慶喜公の蟄居恭順の御趣旨にも反するのであるから断然《だんぜん》これを拒絶した。

かくて十二月三日無事横浜に着したのであるが、すでに江戸は東京と改まり、渡仏の際は意気揚々として出発したのであるけれども、今はあたかも喪家の犬の如く、出迎えとても極めて小人数であり、身分柄がよく判っているにもかかわらず、取締の役人から色々身分を訊ねられたり、所持品を調べられたりして、見るもの聞くもの不愉快の種ならざるはなかった。波止場には水戸藩から民部公子の御迎えの人が来ており、渡仏の際に同伴した杉浦靄山《あいざん》（杉浦讓）も出迎えに来ておって、色々親切に世話をしてくれたが、民部公子は直ちに東京の水戸藩邸に向われ、私は公子の荷物の受取など種々用事もあったから、杉浦と共に横浜に一泊し、満二年ぶりで日本の座敷に手足を伸ばして、久振りで日本の食事をなし、過ぎ来し方の日本の談話等を交わしたのであった。その時の話によれば、函館に籠った榎本武揚、大《おお》鳥圭介《とりけいすけ》以下の旧幕臣の面々は、北海道を独立させておいて、機を見て旧幕府の軍艦を率い、一挙に大阪を衝《つ》こうなどという考えを抱いておるという事であったが、何分烏合《うごう》の勢《せい》であるから、その目的を果たす事は到底至難の業《わざ》であろうという噂であった。

その翌日は直ちに東京に赴くつもりであったが存外用事が長引いたので、東京に戻ったのは三四日後であった。東京に落着いて種々様子を聞いて見ると、知己朋友《ちきほうゆう》等は維新の騒動に際して、あるいは戦死したり、あるいは函館に脱走したり、外国奉行であった小栗上野介《おぐりこうずけのすけ》なども陣没したという事であった。故郷におった時ともに大事を計った事のある尾高長七郎も、その年の夏に伝馬町の牢屋を出たそうであるが、すでに病没しており、前年私がフランスに赴くについて、私の見立養子《みたてようし》とした渋沢平九郎も幕府方の振武軍《しんぶぐん》に加わって、飯能《はんのう》付近において戦死したという事であり、生死をともに誓った渋沢喜作は函館に落ちのびてから生死不明だという事であり、その他の親友もほとんど大部分は消息が知れず、誠に有為転変《ういてんぺん》の世の中であると感慨無量であった。しばしば申述べたごとく、幕府を倒そうというのが吾々当初の目的であったのであるが、機会を失し、計画が齟齬《そご》してからは、どういう前世の因縁《いんねん》かかえって幕吏の末班《まっぱん》となり、今また亡国の臣《たみ》となったわけであるが、世の移り変りは人力では如何ともする事が出来ないのであるから、過去の事は一朝の夢と諦《あきら》めるより外には仕方がない。それにしても二十四歳で郷里を飛出してから六年の星霜《せいそう》を閲《けみ》し、身は亡国の臣となったけれども、身体だけは幸い無事なので、久方振りで両親や妻子にも会い、故郷の様子も見たいと思って、一度郷里に帰る旨を父の許《もと》まで便りした。ところがその前に父晩香《ばんこう》はわざわざ東京に訪ねて来られて、種々な物語りの中に故郷の有様なども聞いたのであった。その際父から今後の身の振方《ふりかた》について意見を求められたので、私は函館の幕軍に投ずる意思もなければ、また新政府に仕える考えも持っておらぬから、せめて前将軍家の隠棲《いんせい》しておられる静岡に移住して、商法を営むなり農業をするなりして、外《よそ》ながら旧主の前途を御守りしようと申したところ、父も安堵《あんど》された模様で、もし静岡の方が予期通りに行かなかったならば、何時でも郷里に戻って来るがよいと、懇々と意見せられて帰郷せられた。その後二三日を経て久々で故郷に帰り、父母妻子にも面会し、親族知己等にも会い、両三日滞在して十五六日頃東京に引返したのであった。

（以下は栄一の長女・穂積歌子の回想）

――船路いかにとあやぶみつつ待ちこがれ参らせつる我大人《わがうし》（栄一）は、この年（明治元年）十二月三日というに恙《つつが》なく横浜の港に帰り着かせ給い、その月の末つかた、六年の永《なが》き年月をよそにのみ見給いたる故郷人をなぐさめんとて、家にぞ帰らせ給いける。二ばしらの君を始め参らせ、母君《ははぎみ》、叔母君たちは、恙なき御姿を見給いて、かきくらしふりしきりにし長雨のはじめて晴れて、空うららかにさしのぼる日の影にむかいたらんがごとく打ちよろこばせ給い、うれしきにもまた御袖《みそで》のぬれしなるべし。かくて過来《すぎこ》しかたの御物がたりを聞かせ給いて、大人にはのどけき春にも得あわずして、世を早うし給いたる長七郎君、平九郎君をふかくいたませ給い、ことに尾高の祖母君のこの年頃おのが御子《みこ》たちの上にもまして、大人が御身《おんみ》をおぼしわずらわせ給いけるに、御生前に帰り来まして恙なき面《おも》わ見せ参らするを得ざりし事を、いといとううらみ給いき。（中略）かくて御名残は尽きん期もなけれど、大人には静岡なる宝台院《ほうだいいん》に謹み籠《こも》りおわしますなる、前《さき》の将軍家にまみえ参らする事をいそぎ給えばとて、亡き人々の御墓をまつり給いなど、ただ三日四日の程留り居まして、また郷里の家をぞ立出で給いける。その折祖父君に向わせ給いて、児は静岡なる君が御許《みもと》にて身のよすがを定め申すべければ、妻子はやがてそこにむかえとり候うべし、この家は貞（栄一の妹・貞子）によきむこむかえて跡《あと》をつがしめ給えかしと仰せられ、また黄金百ひらを祖父君に奉り給い、こはその昔児が家を出る折、乞うがまにまにたび給いけるをかえし奉るというには候《そうら》わず、未だ故郷に錦《にしき》をかざるべき身にもあらねば、させる御土産《おみやげ》とてももたらさず、さればこをしもせめてそがかわりとも見そなわし給えかし、と聞《きこ》え上げさせ給いけるに、祖父君打えませ給いて、御身は吾とことかわりて、こころいといと大きやかなれども、かかるすじにいとものがたきふしは、より吾に似つるものかなとて、御心よく受け納め給い、やがてこれを母君にあたえ給いて宣給《のたま》いけるは、千代（栄一の妻・千代）がこの年頃つもれるうきふしを堪《た》え忍《しの》びて、いとまめやかに我身たちに仕えたる心ばえ、常は言葉にてこそ云《い》い出でね、いといとうれしゅう思いしぞよ、さればこはそがむくいのたまものとも見よかしと仰せきこえ給いければ、母君は今さらに面をおこす心地し給い、数のこがねよりもこの御《お》一言《ひとこと》のかたじけなさは身にあまりておぼされつつ、涙にくれてうけ納め給いけりとなん。（穂積歌子著『ははその落葉』より）

三　帰朝後慶喜公との対面

水戸の民部公子と私との関係は、フランス留学中の二ヵ年間に過ぎなかったが、始終お側に付いて万般のお世話をしており、慶喜公やその他への書状等もことごとく私がその草稿を認《したた》めた程であって、お稽古の事から衣服、食物あるいは運動等の事まで何一つとして私の取扱わぬものはなかった。こういうわけで二人の間は非常に親密な間柄となり、何事についても私に相談された上でなければ決定されぬという有様《ありさま》であったから、私もいまさら民部公子と御別れ申す事は情において忍びなかった。ことにフランスから帰って来る船中においても、余程《よほど》私を頼みに思われたと見え、「自分が水戸藩の当主となっても、本当に力になるような藩士も少なく、ことに藩内に騒動の多いところであるから、前途の事が思いやられる。ついては日本に帰ってからは是非お前は水戸に来て相談相手になってくれ」という御内意があった。帰国してからもしばしば小石川の水戸藩邸に民部公子を訪問し、その際にもしばしばこの事を繰返されたが、私は旧主の居られる静岡に移住して一生を送ろうと決心を固めたのであるから、「万事は静岡に赴いて前将軍家に留学中の御報告をした上で、何《いず》れとも考えを定めましょう」と挨拶《あいさつ》し、故郷から東京へ戻ると間もなく旅装を整えて、駿河《するが》に向けて出発した。もっともこの旅行に先立って、フランス滞在中の諸計算を明かにし、品物その他万般の始末をつけ、水戸に属する分はこれを水戸藩に渡し、また静岡藩の重役の許可を得てフランスから持ち帰った残金の中から、約八千両ばかりを支出して鉄砲を買上げ、これを民部公子が水戸へ赴かれる時の土産《みやげ》にあて、その他の残金一切を明瞭に記帳して静岡藩庁《はんちょう》へ引渡す手続をした。

ところで、私が静岡に赴くについて、民部公子から慶喜公に対して書面を依頼され、前将軍家に拝謁《はいえつ》した際には書面に尽くせぬ留学中の事どもや、帰国しながら静岡に赴いて拝謁の出来ぬ心情等を渋沢から委《くわ》しく申上げるからという御伝言があった。そして何れ前将軍家から何等かの仰《おお》せがあるだろうから、その返辞《へんじ》かたがた是非水戸に来て御無事の御様子や近頃の御起居の有様を知らせてくれというくれぐれもの仰せがあったので、委細承知し必ず水戸へ出向いて、前将軍家の御言葉や御近状を申上げましょうと約束をして駿河に向ったのであった。

静岡に着いたのは十二月の二十日頃であったと記憶する。その当時慶喜公には駿河において新たに七十万石を下し置かれ、平岡丹波という人が家老の職にあったが、この人はほとんど名儀《めいぎ》ばかりで、中老職たる大久保《おおくぼ》一翁《いちおう》が藩政の全権を握っており、慶喜公には静岡の宝台院に御謹慎中で、梅沢孫太郎という人が御側役《おそばやく》を勤めておった。そこで私は静岡に着到するや否や、直ちに大久保一翁を訪問し、フランス滞在中の概略を申述べ、民部公子からの御書状を同氏から慶喜公に差上げられるように依頼し、なお民部公子からの御伝言をも申述べて御謹慎中ではあるが、是非一度直々《じきじき》に前将軍家に拝謁して委細を言上《ごんじょう》したいから、御心添《おこころぞ》えを願う旨を申立てたところが、大久保一翁は早速これを承知して慶喜公に申伝えられる事となった。

それから二三日経つと、大久保のところから前将軍家には宝台院において拝謁を賜《たま》わるにより、同所に出頭しろという通知があったので、その日の夕方から宝台院に罷《まか》り出たのである。慶喜公には御謹慎中の事であり、ほとんど誰にも御面会にならぬという事であったが、私は民部公子の御供をしてフランスから帰って来たのであり、かつ身分の低い者であるから、御引見になっても朝廷に対し別に御差支もなかろうという事で拝謁を賜わる事になったのだそうである。私がフランスに洋行する際慶喜公に御目《おめ》に掛かった時には徳川十五代将軍として拝謁したのであったが、それから二年目に帰朝して今日御目に掛かるに、如何に謹慎中とはいえ余りに惨めな御様子に、覚えず暗涙《あんるい》に咽《むせ》ぶを禁じ得なかった。宝台院というのは至って小さな寺院で、私の通されたのは六畳敷ばかりの極く狭苦しい汚い部屋であった。その畳なども頗《すこぶ》る粗末なものでしかも真黒に汚れている始末である。私は感慨無量で暫くその部屋に御待ちしていると、慶喜公は羽織袴《はおりはかま》の御姿で、その汚い狭い薄暗い部屋に御出座になって、私の直ぐ前に御坐りになったのであるが、座蒲団《ざぶとん》さえも召されず、汚れた畳の上に直接《じか》に坐られたので、この打って変った御姿を拝見した時には、覚えず頭がハッと下ったまま どうしても上らず、何という御情ない姿になられたかと思うと、先立つものは涙ばかりで、暫くの間は何も申上げる事が出来なかった。漸《よう》く気を取直して、久々の御挨拶を申上げたが、まず出るものは愚痴であった。慶喜公においては更に悲しまれるような模様もなく、眉《まゆ》一つ動かされず、私の言葉を止《とど》めて、

「昔の事は一切話をしてくれるな。それよりもフランス留学中における民部の模様を聞こうと思って会ったのであるからその話をするように」

との仰せであったので、私も心ない事を申上げたと気付き、それから心を持直して民部公子が御留学中の模様を逐一申上げ、なお民部公子が東京において御申含めになった事等をも

落ちなく言上して退出したのであった。私はその時の慶喜公の泰然自若《たいぜんじじゃく》たる態度には全く感服せざるを得なかった。普通の人であったならば征夷大将軍から急転直下して蟄居《ちっきょ》の身の上となられたのであるから、私が御同情申上げるような言葉を申上げたならば、大抵は合槌《あいづち》を打つようになるものであるが、かえって私の愚痴を止《とど》められたごときは、確かに凡人に出来ない光風霽月《こうふうせいげつ》の御心持ちであると拝察した。

四　慶喜公の深慮と静岡藩出仕

慶喜公に拝謁《はいえつ》してからは、別に用事とてもないから、ぶらぶら市中を見物したり、書き物をしたりして民部公子への御返辞《ごへんじ》を待っておったが、二日経っても三日経っても何の御沙汰もないので御側御用を勤《つと》めている梅沢氏の所へ行って、どうして御返辞が出ないのかと聞き合わして見た。この梅沢という人は、原市之進と同じく水戸家の出身で原とともに一橋家の用人《ようにん》になったのであるが、慶喜公が将軍職を襲われるについて、幕府の御目付《おめつけ》に栄転し、大政奉還後は引続き慶喜公に御供して御側に仕えているのであって、私が一橋家に仕官した時代に面識があるので、梅沢まで慶喜公の御内意を伺いに行ったのである。すると「追って御沙汰があるだろうから、余り急がんで待っておったら可《よ》かろう」との事だったのでそのつもりで待っていると、四日目になって突然藩庁《はんちょう》から出頭しろという呼出しがあった。前将軍からの御沙汰ならば宝台院の方にお召しになるべき筈《はず》であるのに、藩庁からの呼出しは少し不審《おか》しいと思ったが、あるいは大久保一翁を通じて御沙汰を下されるのであろうかと思い、取敢《とりあえ》ず藩庁に出頭すると、藩庁では勘定所の方へ行けという。何の事だか一向に分《わか》らぬが、兎《と》も角《かく》勘定所の方へ行って見ると、羽織袴では困るから礼服を着て来いという事であった。私は旅中の事であるから礼服は持たなかったが、御用召《ごようめし》だというのであるから、止むを得ず礼服を借着《かりぎ》して中老詰所《つめしょ》に罷《まか》り出ると、意外千万にも静岡藩の勘定組頭を申付けるという御《ご》判紙《はんし》を渡された。私にとってこれは実に不快千万で堪らなかった。何故かというに、私は民部公子の御書面を依頼され、その御返事を申上げる事を御約束申して静岡に来たのであって、静岡藩に仕えようとして来たのではない。ことにいったん慶喜公からの御沙汰を拝して民部公子に復命《ふくめい》した後なら兎も角、鉄砲玉の使いのようにそのまま済《す》まされる訳のものでない。それで静岡藩の重役連中も随分物の分らぬ人だなと思い、勘定所に行って勘定頭の平岡準蔵、小栗尚三の両人に面会して、自分の意のあるところを申述べ、勘定組頭の御沙汰は御受け致し兼ねるから、それよりも早く慶喜公から御返事を承って、水戸に赴くように御心添えを願いたい旨を申述べた。すると平岡準蔵は自分の一存でも出来ぬからと言って、中老部屋まで聞きに行ったが、その挨拶《あいさつ》に「水戸への返事は別に手紙を遣わすから貴公が復命するには及ばぬ。また藩庁では必要があって勘定組頭を命じたのであるから、速かに御受けするようにせよ」という大久保の口上であるから、文句を言わず御受けしたらよかろうという事である。私は道理の分らぬにも程があると思い、辞令書を平岡の前に投出して、「私は御受けする事が出来ませんから平に御免蒙《ごめんこうむ》ります。大久保さんにも宜敷《よろし》く」と言い捨ててそのまま宿へ帰ってしまった。すると間もなく私の旧知であり、その当時静岡藩の勘定所に勤仕《きんし》しておった大坪という男が、平岡の使者として訪問し、私が御受けしない理由は他にもあるだろうから、腹蔵《ふくぞう》なく話してくれる様にとの事であったから、私が静岡に来たのは俸禄を頂戴して再び仕えようと思って来たのでない事や、民部公子からくれぐれも前将軍家の御近状を復命するように申含《もうしふく》められた事や、仮令《たとえ》前将軍家から御内意があったとしても、御側に付いている者が道理を弁《わきま》えておるならば、こんな不条理な事をする筈《はず》がないなどと、思う存分に私の意見を吐露し、ありのままを大久保さんなり平岡さんなりに申し伝えてくれと、さんざん言い罵ったので大坪も持て余して帰って行った。私としてはもし静岡に置く事はならぬとあるならば、不本意《ふほんい》ながらそのまま静岡を立退く気持ちであったのである。ところがその晩にまた大坪がやって来て、この事については中老職の大久保一翁さんが、直接話をしたいから是非一度大久保の所まで来てほしいとの事だったので、その翌日大久保を訪ねると、大久保は怒っていると思いの外、反って私の意見を首肯《しゅこう》され、貴公の立腹されるのは成程《なるほど》道理であるが、それは内部の事情を知らぬからであって、この事は内分にしておいた方がよいと思って話さなかったのであるが、実は総《すべ》てが前将軍家からの御内意から出た事であって、深い思召のあるところを有難《ありがた》いと思わなければならぬという事であった。

大久保の話によると、民部公子からの御書面に対して、御返事は如何《いかが》遊ばされる御積りであらせられるかと伺ったところが、追って当方から返事を差出すから、篤太夫（渋沢栄一）を遣《つか》わすには及ばぬといわれた。どういう訳でこう言われたかというに、渋沢については水戸家からも是非当方へ譲ってくれという交渉も来ているのであるが、渋沢を水戸に遣わすと民部公子が慕っている人間であるから渋沢を重く用いる様になり、その結果水戸の心善《こころよ》からぬ人間の嫉妬《しっと》を受けて危害を蒙るような事がないとも限らない。もしまた渋沢に水戸家へ仕える心がないとしても、水戸まで返書を持たせてやると、勢い当分は同地に滞在するようになり、自然と情愛が増して、民部公子を振り切って同地を引上げるというような事も出来にくくなるから、水戸家には渋沢は当藩に必要があるから遣わす事が出来ぬと申遣わし、渋沢に対しては藩庁の適当な仕事をさせるようにとの直接《じきじき》の御言葉であったので、他の重役とも相談した上、理財の事に長じているから勘定組頭に取立てる事となったのであると。私は初めて慶喜公の御深慮《ごしんりょ》の程を知る事が出来、今更《いまさら》ながら辞令書を投出したような自分の粗暴な振舞《ふるまい》を後悔し、慚愧《ざんき》に堪《た》えぬ次第であった。思えば慶喜公には自分のごとき身分の低い者に対してまでも、かくのごとき用意周到なる御心遣《おこころづか》いをせられたのである。この英明なる仁心深き旧主に対して及ばずながらも自分の力で出来るだけの御奉公をしなければならぬと決心を新たにしたのである。

解説　近代日本への貴重な原体験

木村昌人

一八五三年のペリー来航による開国後、徳川幕府や各藩は数多くの家臣を海外に派遣した。なかでも幕府は、一八六〇年に最初の使節団を送ってから明治に至るまでに合計六回も使節団や視察団を海外へ送って、国際情勢を探り欧米の文明を学んだ。『航西《こうせい》日記』は、一八六七年のパリ万国博覧会に派遣された幕府使節団に随行した渋沢栄一と杉浦譲による全六冊の紀行録である。

使節団派遣の背景として、幕末日本をめぐる欧米列強の国際関係について見ておこう。ヨーロッパ列強に先駆けて日本を開国させた米国は、南北戦争（一八六一―六五）とその後の国内再建のため、またロシアは、クリミア戦争（一八五三―五六）の敗戦によって日本への関与を弱めざるを得なかった。代わって、フランスが幕府を、英国が薩長を支持するという形で、英仏の日本をめぐる対立が顕在化した。日本におけるフランスの代表者はレオン・ロッシュで、英国のそれはハリー・パークスであった。ナポレオン三世は東洋にまで触手を伸ばす野心を抱いていたが、ロッシュはその政策の代理者として幕府に接近した。英国と薩長との関係も緊密になり、幕府と薩長の対立は、英仏代理戦争の様相を呈してきた。

こうしたときに、パリで万国博覧会が開催されることになり、幕府は使節団派遣に伴い各藩に博覧会への出品を勧誘した。ところが薩摩藩と佐賀藩は幕府と関係なく出展し、日本国内の政争がパリでも再現されることになってしまった。英国を含むヨーロッパ巡歴中、パリ万博のことを知った五代友厚が、薩摩藩の万博参加の下準備を命じられ活躍したのはこの時であった。

将軍徳川慶喜は、弟徳川昭武《あきたけ》（一八五三―一九一〇）を自分の名代として、博覧会に参列する各国の国王や皇族に会見させるとともに、その後ヨーロッパ主要国を歴訪させ、幕府の権威を国際的にアピールしようと考え、昭武一行をパリへ派遣したのであった。また当時十三歳の昭武を国際的なリーダーに育成するため、数年間パリに留学させることにしていた。

二〇二四年に新一万円札に登場する渋沢栄一（一八四〇―一九三一）の評価は時代とともに変化したが、彼が亡くなった際、昭和天皇から送られた御沙汰書が正鵠《せいこく》を射ている。それによれば「高い志《こころざし》を抱いて、政《まつりごと》を行い、将来のことを深く考えて、民間人になり、経済活動を率先して企画し、数多くの施設を社会に設立し、人材育成に投資し、国際親善に努力した。一生公《おおやけ》に奉仕し、誠実を貫き、経済界で尊敬される人物であった。政府や民間から

杉浦譲　「慶応三年民部公子渡仏一行写真」より

の信頼は厚く、社会人の手本として国内外から尊敬された」のであった。

北関東の富農の長男に生まれた渋沢は尊王攘夷《じょうい》運動に一時染まったが、縁あって一橋家に仕え、念願の武士になった。一橋慶喜にその才能を見出され、領内の殖産興業や財政立て直しに尽力した。徳川十五代将軍となった慶喜から、渋沢は使節団の一員に抜擢され、昭武の身の回りの世話役としてパリで約一年半生活した。帰国後明治政府に数年勤め、多方面にわたる制度改革の先頭に立った。官尊民卑の打破を心に秘め、民間経済人となり、第一国立銀行をはじめ約五百の企業と東京養育院など六百に及ぶ公益社会事業に関わり、日本のインフラを創った民間経済の指導者となった。

『航西日記』のもう一人の著者杉浦譲（通称・愛蔵、号は靄山《あいざん》、一八三五―七七）は、甲府藩士の家に生まれ、幕府の外交官として活躍した。昭武一行の中で杉浦は書記役として、日々の公務日記、外交文書の作成などを担当し、横浜出航から昭武や渋沢と別れて一足先に帰国するまで詳細な記録を残した。帰国後、渋沢に誘われ、静岡藩から新政府の民部省改正掛に入り、前島密《ひそか》らと共に郵便制度の導入を手掛けた。その後内務省に移り、大久保利通の

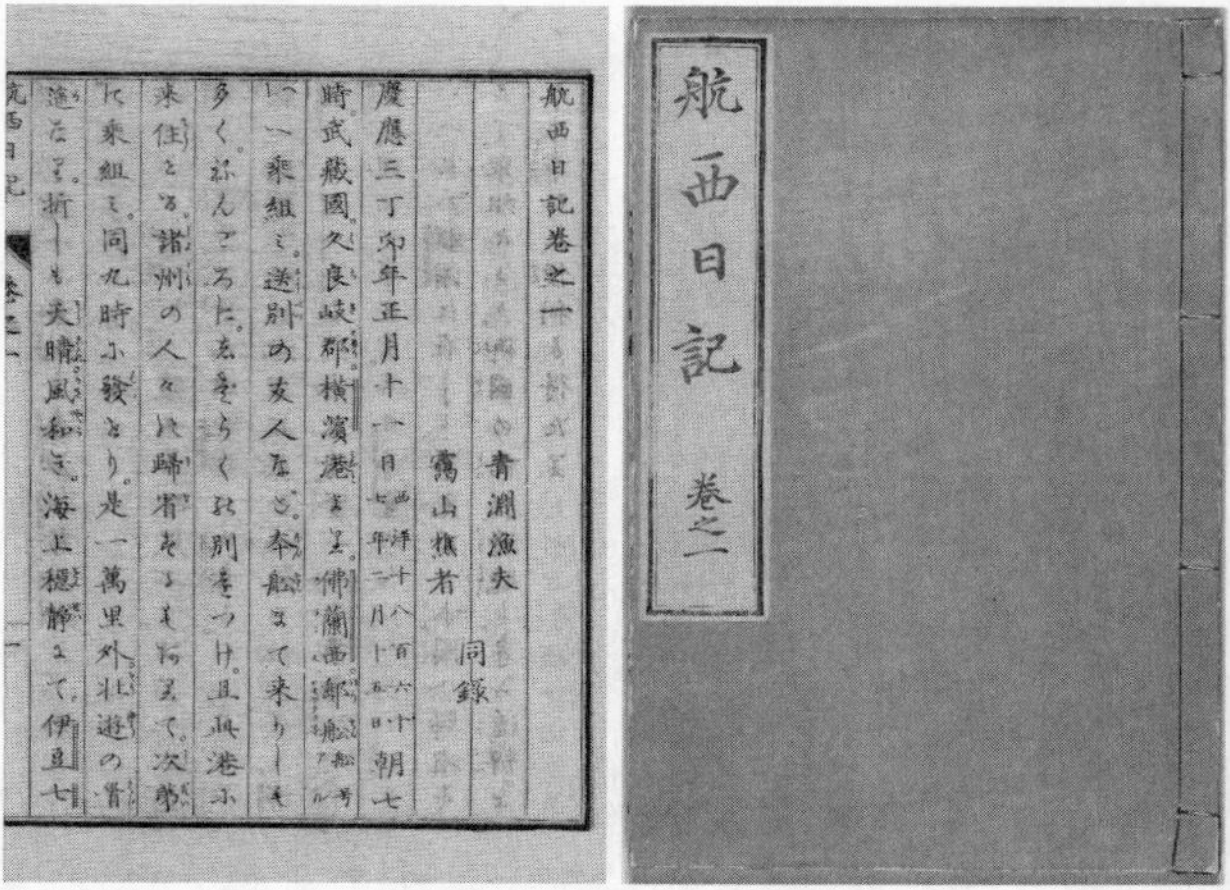

『航西日記』　第1巻の表紙と巻頭部分。渋沢史料館所蔵

下で諸改革に尽力するが、過労により一八七七年、四十一歳の若さで他界した。

ところでこの『航西日記』は、従来は渋沢の単著として扱われることが多かった。しかし、一八七一年（明治四）の初刊本は「青淵漁夫・靄山樵者同録」と記されているように（写真）、渋沢と杉浦の共著となっている。

さらに近年、渋沢史料館学芸員の関根仁氏は、渋沢名義で巻頭に漢文で記された序文や、渋沢と杉浦がそれぞれ書き残したメモや日記などの原史料を詳細に検討し、この『航西日記』は渋沢らの帰国後に編纂されたもので、「慶応3年1月11日から同8月5日までは杉浦の日記、そして同8月6日から同11月22日までは渋沢の日記が基になっている[1]」ことを突きとめた。したがって、本書の特に公務に関する記述は、冒頭から三分の二が杉浦の記録を、残り三分の一が渋沢の記録を多く基にしていることになる。

その上で関根氏は、『航西日記』の性格を次のように明らかにしている。つまり①渋沢と杉浦の日記とメモ、新聞記事訳など様々な付属情報を編纂した物で、リアルタイムの日記ではない、②文章の執筆や編纂実務は主に杉浦譲の父杉浦七郎右衛門が行っている、③渋沢と杉浦は互いに滞在記録の編纂に積極的で、宇和島藩主の伊達宗城《むねなり》が出版を強く勧めたことが大きなきっかけになった。また、この出版に至る経緯については、渋沢も後日談を残している(2)。

こうした研究により、本書の史料的価値は固まりつつある。従来のように渋沢個人の回想録として読むのではなく、幕末期の日本人の海外体験記として、重要な歴史資料のひとつに数えることができるのである。

このような経緯にもかかわらず、『航西日記』が長く渋沢一人の著作として扱われてきた事情は定かではないが、おそらく明治十年に早世した杉浦に対して、昭和初年まで日本経済を牽引した渋沢の存在の大きさや、渋沢の親族の著作にも「一人で書いた」といった記述がみられること(3)などによるだろう。本書の原本は、文語体で記された『航西日記』を日本近代史の大家、大江志乃夫が読みやすい現代語に訳し、『世界ノンフィクション全集14』(筑摩書房、一九六一年)に収めたものだが、この筑摩書房版でも著者として表示されているのは渋沢のみだった。しかし、本書学術文庫版では、上記のような近年の研究動向を反映させ、初刊本と同様に渋沢と杉浦の共著としている。

『航西日記』は旧暦の慶応三年（一八六七）一月十一日、昭武一行が乗船したフランス郵船アルヘー号（千五百トン）が横浜を出港した日から始まる。昭武に随行したのは、外国奉行の向山一履《むこうやまかずふみ》、傅役《もり》の山高信離《やまたかのぶあきら》、田辺太一、杉浦譲、渋沢栄一に水戸藩の昭武警護役七名や伝習生、さらに商人として万博に参加した清水卯三郎、フランス人二名、ドイツ人二名の計三十三名であった。上海、香港に寄港し、インド洋から紅海へ入り、スエズ運河の開削工事を見ながら地中海へ出て、マルセイユに上陸。陸路でパリへ向かう。パリでは万国博覧会に参列した。杉浦が急用で先に帰国した後、同年八月から十一月には、昭武は渋沢を伴ってスイス、オランダ、ベルギー、イタリア、英国を巡行し、ここまでの記述でこの『日記』は終わっている。その後の昭武は渋沢とともにパリでの生活を経て、翌明治元年（一八六八）十二月三日に横浜に帰港するが、その間の事情と帰国後について本書では、『渋沢栄一自叙伝』から〈付録〉として載録し、補ってある。

　幕末から明治初年にかけて、福沢諭吉『西洋事情』、田辺太一『幕末外交談』、栗本鋤雲《じょうん》「暁窓追録」などの海外見聞録が次々と刊行された。『航西日記』が類書と異なるのは、渋沢、杉浦という優秀な実務家の記述のため、各国の思想や哲学よりも政治、軍事、経済などから一般市民の生活に重点が置かれ、具体的な事例や数字が正確に記されていることである。

日記の中から、渋沢らしさがうかがえる例をいくつか紹介しよう。

パリに向かう一行は、航海中から様々なことを体験した。まず食事である（本書一〇頁）。日本人の海外体験記で、船内での洋食メニューが詳しく紹介されたのは、おそらくこれが最初であろう。茶には必ず白砂糖を入れ、パンにバターを塗って食べたが、「味はたいへんよい」と書いている。魚鳥豚牛羊などの肉を煮たり焼いたりして食した後に飲むコーヒーは、「たいへん、胸をさわやかにする」とある。当時、海外へ向かった日本人の多くは現地の食事になじめず苦労したことが知られているが、後に健啖家として知られる渋沢は、当初から西洋食を楽しんだであろう。その様子が想像できるようである。

一行は、パリへの途上で上海と香港に寄港した。ここでは居留地内にガス灯がともり電線が引かれている西洋風の街並みに驚かされた。他方旧市街に入ると、そこは浮浪者があふれる不衛生な街に変わった。中国人が人間として扱われていない様子を知った。ベトナムやインドでも同様の体験をし、英仏の植民地政策の光と影を心に留めた（一一―二九頁）。

また、パリの豊かな市民生活を機能させている仕組みを実際に目や耳で確かめ、つまびらかにしているが、その好奇心の強さに驚かされる。例えばパリの下水道についてである。臭気漂う地下の下水道にマンホールのふたを開け自ら入って見聞するくだり（五八頁）は、

『レ・ミゼラブル』のジャン・バルジャンが下水道を伝って逃亡した姿を彷彿させる。

パリ万博視察団随員としての見聞が、渋沢栄一を実業家や財界人として大成させるためにどのような契機となったのであろうか。つまり海外生活で、渋沢は何を学び、何がその後の渋沢の思想や行動に影響を及ぼしたのであろうか。

杉浦の帰国後に昭武に随行して欧州を歴訪した渋沢は、ベルギーでは大規模な製鉄所やガラス器の製造所を（一二一—一二二頁）、イギリスでは新聞社の精密な印刷機（一四五—一四六頁）や大英銀行（一五二頁）を視察している。こうした見聞が、その後の渋沢が興した製紙業や銀行業をはじめとする数々の事業に大きな影響をもたらしたことは想像に難くないが、さらに具体的にみてみよう。

まず、国力の源は軍事力ではなく、経済力であることに気がついた。「鉄は国家なり」といわれた現状を目の当たりにし、各国が産業育成に力を注いでいることを知った渋沢は、富国あっての強兵であることを理解した。

次に経済力を増すためには、経済活動にだれでも参加できる民主的な競争社会が必要である。そういった社会を創るためには、「民」が力をつけて「官」を主導しながら社会を改革し、官尊民卑を打破することが不可欠だと学んだ。フランスでは「官」と「民」の関係が日本とは大きく違った。昭武の世話役の銀行家フロリヘラルトが、陸軍大佐ヴィレットや政治家と対等な立場で語り合う姿に驚かされた。

三番目に「民」が力をつけるためには、公益を追求するという使命や目的の達成に最も適した人材と資本を集め、事業を推進させるという合本《がっぽん》主義が有効であることを学んだ。日記には名前は出ていないが、これこそ当時のフランス社会に大きな影響を及ぼしていたサン＝シモン主義(4)であった。渋沢は、開削工事中のスエズ運河の視察（三四頁）から、「民」の力を発揮させる株式会社という合本組織によって、国家事業ほどの予算規模を伴う国際社会の公益を増大する事業が、「民」の力でできることを知った。

またパリで、紙幣、株券、公債の仕組みを体験した。幕府崩壊が間近いと予測した渋沢は、昭武の留学費用を捻出するため、フロリヘラルトの勧めに従い政府公債と鉄道債券を購入した。帰国時には鉄道債券の売却益から、昭武一行や欧州各都市への幕府留学生の帰国費用まで賄ったうえ、剰余金まで生み出した。銀行家としての渋沢の萌芽を見ることができる。技術導入に関しては機械や設備といったハード面ばかりでなく、銀行制度、商業会議所などのソフト面も重視した。帰国後の合本主義による企業の設立や東京商法会議所、東京銀行集会所などの経済界の創出につながった。

最後に現在本書を読む意義について述べておこう。ネットで簡単に情報が取れる現在では、ともすればネットのニュースですべてがわかると思い込み、国際社会の現場を見聞するのを重視しない風潮がある。どうしたら日本が欧米の植民地にされず独立を保つことができるかという問題意識をもち、強い危機感を抱いた日本の若者が、ヨーロッパの文明社会にどのような態度で接し、そこで取捨選択したものを帰国後の国造りにどのように役立てたかを知ることは重要である。海外から日本を客観視する彼らの姿勢を是非学んでほしい。また渋沢が、杉浦、田辺、栗本らと情報を共有し、ヨーロッパ社会を正確に理解することに努め、それを詳細な記録として後世に残すために労を惜しまなかったことは、ともすれば多忙にかまけて記録整理を後回しにしがちな現代人は見習うべきであろう。

また、『航西日記』を読むうちに、渋沢や杉浦のような旧幕臣の海外体験や実務の蓄積が、明治という時代を創ったことがわかってくる。薩長土肥の新政府の人材だけでは日本の近代化は決して順調には進まなかったであろう。十九世紀から二十世紀にかけて、日本は近代化に成功した欧米以外の数少ない国であるが、その基礎は江戸時代にすでに形成されていたといえよう。そこには江戸と明治との断絶ではなく連続性が見えてくるのである。

さらに詳しいことを学びたい人には、渋沢栄一の「巴里御在館日記」「御巡国日録」[5]とを併せて読むことを勧めたい。また渋沢秀雄『父　渋沢栄一　新版』（実業之日本社、二〇一九年）や渋沢華子『渋沢栄一、パリ万博へ』（国書刊行会、一九九五年）は、渋沢の本音もうかがえて興味深い。

（関西大学客員教授、元・公益財団法人渋沢栄一記念財団研究主幹）

(1) 関根仁「青淵漁夫・靄山樵者著『航西日記』の基礎的研究」(『仏蘭西学研究』第四五号、日本仏学史学会、二〇一九年六月二二日)、一七頁。
(2) 「渋沢栄一書翰控　赤司鷹一郎宛」一九二七年七月一一日付(渋沢青淵記念財団竜門社編『渋沢栄一伝記資料』第四八巻、渋沢栄一伝記資料刊行会、一九六三年　所収)。
(3) 例えば、渋沢の孫で小説家の渋沢華子著『渋沢栄一、パリ万博へ』(国書刊行会、一九九五年)一〇〇頁には、「栄一は五歳年長のこの杉浦を厚く信頼していた。ほとんど自分一人で書いた『航西日記』を後日、杉浦と共著という形にして出版した。」とある。しかし一方で、渋沢が前半生を語った自伝『雨夜譚』(長幸男校注、岩波文庫、一九八四年)一二八頁には、「殊にこの旅行の日記は、さきに自分と杉浦靄山という人と共に筆を取って『航西日記』という一書を編述したことがある」とある。
(4) アンリ・ド・サン＝シモン(一七六〇―一八二五)は社会思想家で、産業資本家が経済活動を通じて国富を増大させると説いた。国家社会を豊かにする経済の仕組みの中で最も重要なのが金融(銀行)、交通手段(鉄道)、公債の三要素であった。鹿島茂著『パリ万国博覧会――サン＝シモンの鉄の夢』(講談社学術文庫、二〇二二年)など参照。
(5) 二つの日記は、『渋沢栄一滞仏日記』(復刻、日本史籍協会編、東京大学出版会、一九六七年)に、「航西日記」とともに所収されている。

渋沢栄一（しぶさわ　えいいち）

1840年，武蔵国榛沢郡血洗島村（現在の埼玉県深谷市）生まれ。家業の藍玉製造に携わり，論語も学ぶ。京都で一橋慶喜に仕え，1867年慶喜の実弟昭武のパリ万博視察に随行。帰国後、静岡藩、明治政府を経て経済人として第一国立銀行など約500の企業に関与。1931年没。

杉浦　譲（すぎうら　ゆずる）

1835年，甲斐国（現在の山梨県）生まれの幕臣。通称は愛蔵。甲府勤番士ののち，江戸で外国奉行支配書物出役となる。1863年と67年に渡欧。維新後は明治政府に出仕し，郵便制度の確立などに努め，郵便切手の創始者として知られる。1877年没。

大江志乃夫（おおえ　しのぶ）

1928年，大分県生まれ。専門は日本近現代史。東京教育大学教授，茨城大学教授を務めた。著書に『凩の時』『壁の世紀』ほか。2009年没。

本書は、1961年、筑摩書房より刊行された『世界ノンフィクション全集14』所収の「航西日記」を増補し、文庫化したものです。

KODANSHA

講談社学術文庫

定価はカバーに表示してあります。

航西日記《こうせいにっき》 パリ万国博見聞録《ばんこくはくけんぶんろく》 現代語訳《げんだいごやく》

渋沢栄一《しぶさわえいいち》・杉浦《すぎうら》 譲《ゆずる》

大江志乃夫《おおえしのぶ》 訳

2024年3月12日 第1刷発行

発行者 森田浩章

発行所 株式会社講談社

東京都文京区音羽 2-12-21 〒112-8001

電話 編集 (03) 5395-3512

販売 (03) 5395-5817

業務 (03) 5395-3615

装　幀 蟹江征治

印　刷 株式会社広済堂ネクスト

製　本 株式会社国宝社

本文データ制作 講談社デジタル製作

ISBN978-4-06-534839-0

「講談社学術文庫」の刊行に当たって

これは、学術をポケットに入れることをモットーとして生まれた文庫である。学術は少年の心を養い、成年の心を満たす。その学術がポケットにはいる形で、万人のものになることは、生涯教育をうたう現代の理想である。

こうした考え方は、学術を巨大な城のように見る世間の常識に反するかもしれない。また、一部の人たちからは、学術の権威をおとすものと非難されるかもしれない。しかし、それはいずれも学術の新しい在り方を解しないものといわざるをえない。

学術は、まず魔術への挑戦から始まった。やがて、いわゆる常識をつぎつぎに改めていった。学術の権威は、幾百年、幾千年にわたる、苦しい戦いの成果である。こうしてきずきあげられた城が、一見して近づきがたいものにうつるのは、そのためである。しかし、学術の権威を、その形の上だけで判断してはならない。その生成のあとをかえりみれば、その根は常に人々の生活の中にあった。学術が大きな力たりうるのはそのためであって、生活をはなれた学術は、どこにもない。

開かれた社会といわれる現代にとって、これはまったく自明である。生活と学術との間に、もし距離があるとすれば、何をおいてもこれを埋めねばならない。もしこの距離が形の上の迷信からきているとすれば、その迷信をうち破らねばならぬ。

学術文庫は、内外の迷信を打破し、学術のために新しい天地をひらく意図をもって生まれた。文庫という小さい形と、学術という壮大な城とが、完全に両立するためには、なおいくらかの時を必要とするであろう。しかし、学術をポケットにした社会が、人間の生活にとってより豊かな社会であることは、たしかである。そうした社会の実現のために、文庫の世界に新しいジャンルを加えることができれば幸いである。

一九七六年六月　　　　野間省一

2709
源氏の血脈
野口　実著
武家の棟梁への道

平氏と同じく都で栄達をめざす軍事貴族だった源氏は、いかにして東国武士団を統合し、「鎌倉殿」として七百年におよぶ武家の歴史に君臨したのか。為義、義朝、頼朝、義経。三代四人の栄光と挫折、長期戦略を検証する。電P

2712
官僚の研究
秦　郁彦著
日本を創った不滅の集団

出自、学歴、給料、天下り先…。データで解明するエリート集団の歴史と生態。やはり「藩閥」「東大卒」が強いのか？　明治の「官員さん」から、戦前昭和の「革新官僚」、現代の「官邸官僚」まで、怪物的存在の実像。P

2714
攘夷の幕末史
町田明広著

日本人は誰もが「攘夷派」だった！　これまであまり顧みられなかったロシアの脅威や朝陽丸事件などに着目し、江戸時代を通して醸成され、幕末に沸騰した攘夷思想という日本人の対外認識の原型に迫る、画期の書。電P

2721
北条時宗と安達泰盛
村井章介著
異国合戦と鎌倉政治史

十三世紀日本に迫るモンゴルの嵐。立ち向かったのは悩み多き若き執権と、硬骨の革新政治家だった。血なまぐさい権力闘争に明け暮れる鎌倉政治史を、外交、宗教、美術など多様な視点から立体的に編み上げた労作！電P

2725
ペリー日本遠征随行記
サミュエル・ウェルズ・ウィリアムズ著／洞　富雄訳（解説・西川武臣）

われわれは略奪の旅にやって来たのか？　提督ペリーへの冷静な視線と、庶民への優しい眼差し。下田では密航を企てる吉田松陰を諭し、琉球では裁判官の道徳に感嘆する。艦隊の首席通訳官による幕末日本訪問記。電P

2735
日本の珈琲
奥山儀八郎著（序・古波蔵保好／解説・旦部幸博）

珈琲は、いつ、どのように日本に伝わり、広まったのか。世界の珈琲発見伝説から日本初の珈琲店まで、江戸から明治にわたる膨大な史料を渉猟し、驚きに満ちた珈琲の歴史を明らかにする。生活文化史の古典。電P

人生・教育

2598
立花　隆著
自分史の書き方
セカンドステージのデザインには、これまでの人生を見つめ直すことが必須である。自分の年表を作ること、長い文章を書くコツなどの実践理論を軸に、現代史に人生を重ねて自分史を書くことを指南する一冊。
電 P

2639
渋沢栄一著／鹿島　茂編訳
渋沢栄一「青淵論叢《せいえんろんそう》」　道徳経済合一説
『論語と算盤』よりも明快！　日本近代史の巨人・渋沢が、幕末維新の経験をふまえ日本の明日を憂いつつ、倫理観・経済観、政治観・人生観など三二項目にわたって語る談話集。名手による平易な訳と解説つき。
電 P

2679
山折哲雄著
辞世の作法
日本人が古くから愛した夕映えの空、子守唄の短調のメロディー――。私たちの〈共感の場〉が消え、死生観も見えなくなった昨今、終焉をどうまとめたらいいのか。宗教学者が伝える、人生に別れを告げる知恵。
電 P

2733
本田　済訳
韓非子　全現代語訳
人間は利のために動く。君臣の間に愛はない。徹底した現実主義的人間観に基づく実践的君主論にして、春秋戦国の乱世下に法家が磨き上げた統治思想の極致。鋭い人間洞察が時を超えて突き刺さる、不滅の君主論！
電 P

2747
福沢諭吉著／小川原正道編
独立のすすめ　福沢諭吉演説集
「演説」と訳したのは福沢だった！　残されている速記録や原稿から名演説を厳選し、懇切な解説を付して編集した画期的演説集。書かれたものとはひと味違う、生き生きとした「声」が、時を超えて日本人の心を撃つ！
電 P

2762
蓮實重彦著
齟齬の誘惑
社会とは、いくつもの齟齬や違和や隔たりの意識が複雑に交錯しあう苛酷な空間である――。伝説の東大総長講演の他、「第三世代の大学」論など、仏文学・映画評論の大家が真摯に呼びかける、知の革新のための書。
電 P

《講談社学術文庫　既刊より》